我が子を守るために教えるべきこと

初めて「性」のことを子どもに伝える パパとママのための教科書

川村真奈美 産婦人科医
イラスト アベナオミ

Gakken

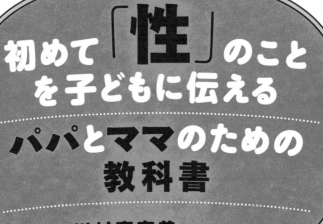

「赤ちゃんはどこからくるの？」

「セックスって何？」


「なんで私、パパにもママにも似ているの？」

「私も赤ちゃんがほしい」

「ねえ、おちんちん触ってると気持ちいいよ」


「ねえ、ねえ、ねえ！」

子どもたちのピュアな好奇心に、
恥ずかしいやら、返答に困るやら。
ママやパパを悩ませるもの、
それがズバリ性教育。

いいえ、ちょっと待ってください！
性教育の機会は、親を悩ませるものではありません。

性教育って実は、子どもによいことばかり！

子どもの人生を幸せに輝かせるための知恵が
たくさん詰まっているのです。

ひ〜〜!!
赤ちゃんってどこからくるの？
大人になるってどういうこと？
キャ〜〜!!

日本中のママ、パパ！
ここはひとつ、
心を決めましょう！

産婦人科医でありながら、
学校で性教育の講演を行っている
専門家と一緒に、
素敵な性教育をはじめましょう。

もくじ

第2章

命の授業をしよう

第3章

性教育で身を守るということ

第4章 男の子と女の子にそれぞれ伝える性教育

第5章 思春期までしっかり話そう

教えて川村先生！

パパたちの性教育を考える

つるの剛士スペシャル対談
子どもの性教育にパパはどう向き合ったらよいですか？

つるの剛士

1975年生まれ。タレント、俳優、音楽家、歌手。『ウルトラマンダイナ』のアスカ隊員役で人気者に。『クイズ！ヘキサゴンII』でバラエティタレントとしてもブレイク。ミュージシャンとしても活躍中。５児の父。

そもそも親自身が性教育を受けていない問題

川村真奈美（以下川村）　つるのさんは、５人のお子様のパパなんですよね。

つるの剛士《たけし》（以下つるの）　はい！長男は17歳、長女は15歳、次女が14歳、三女が11歳、次男が５歳です。（2021年7月時点）

川村　男の子と女の子、それぞれ性教育はされていますか？

つるの　特に改まって話すということはこれまでありませんでしたね。娘が初経を迎えたときも、妻に「さすがに僕が直接おめでとうって言うのも恥ずかしいだろうから、よろしくね！」と任せました。やっぱ

学校や性教育の講座などで親子が一緒に学べるといいですね！

りパパが娘に「生理がきたんだって！」って言うのも……娘が嫌がるだろうなって。

川村　そうですね。その対応はよいと思います。

つるの　僕は、ラジオで自分の初体験の話なども結構赤裸々に話してきてるんですけど（笑）、改まって子どもたちに、性について話すのはやっぱりハードルが高いというか。僕たち自身が性教育ってほとんど受けていないからかもしれません。

川村　そう！　家庭での性教育に限界があるのはまさにそこなんです。

つるの　僕らのころの性教育って、小学生のある時期になると、なんか、女子だけが集められて、男子は完全に取り残されるっていう。何が行われているのか、気になるけど聞けない。なんか、ベールに包まれている感じだったし、女子だけが大人になっていくような、置いてけぼり感が半端なかった。先生は普段、男女別々に性教育をされているんですか？

川村　小学生、中学生、高校生それぞれ、男女一緒にやります。男の子が女性の体で何が起きているのか、月経のしくみについても知っておくことで、いずれパートナーができたときに、驚かなくて済みますよね。

つるの　確かにそうですね。

家でかしこまっての性教育はなかなかハードルが高い

つるの　僕が子どものころは、駐車場に落ちているエロ本を探すくらい

僕たち親も性について知らないことがいっぱいですね！

だったけど、今の子どもたちは、インターネットで簡単に性の情報に触れてしまいますもんね。

川　村　そして、それをそのまま鵜《う》呑《の》みにしてしまいます。子どもたちが成人向けのサイトにアクセスできないようにしたとしても、おすすめ動画を見ているうちにいつのまにかたどり着いてしまったりするので制限も難しいようです。

つるの　確かに。僕も長男のときはコンテンツ制限をしていましたが、無理だなって思いました。自分を振り返っても、命がけで情報収集していたから（笑）、興味を持ったら、絶対にたどり着いちゃう。

川　村　だからこそ、性教育は早いうちが大切。とはいえ、ご自宅で教育をするのはやはり限界がありますよね。だから、私たち産婦人科医や助産師が学校と協力して、性教育の講座を開いているのですが、学校でも「教えたことによって、間違いが起きたらどうしよう」という不安も大きいようで思ったように進んでいないと感じます。

子どもとの情報共有が防犯につながる

川　村　お子様たちに防犯について、伝えられていることはありますか？

つるの　子どもが外出するときに「気をつけてね」とか声をかけるようにしています。日々、「君たちのことが大切だよ」というメッセージを送るようにしていますね。うるさ

ママとパパが普段から触れ合うのを見せているのはいいですね！

いなと思いながらも気をつけてくれたらいいなと。

川村　それはよいメッセージだと思います。

つるの　また、不審者情報についてはメールで受け取るようにしていて、自宅付近や子どもたちの活動範囲で起きた犯罪については共有するようにしています。娘たちも「そっか、あの場所に不審者がいたんだ」とか、「〇〇ちゃんが今日変な人に会ったって」と、いろいろ共有してくれているので、意識づけにはなっていると思います。

川村　日ごろから親子でオープンに語れる環境があるのは非常によいことですね。ぜひ続けていってくださいね。

つるの　ありがとうございます。

妻との触れ合いを子どもに見せる

つるの　僕は、子どもたちが幼いころから妻に「好きだよ」って言ったり、ハグしたり。子どもたちに隠さないようにしているんですよ。

川村　それ、実は理想的な性教育なんですよ。

つるの　そうなんですか！

川村　そう。性教育というのは、人権教育。パートナーをお互いに大切に扱うことを学ぶことはとっても大切なこと。それを目の前で伝えられる教科書は、夫婦が子どもの前でお互いを大切にしながら、触れ合っていること。つるのさんはまさにそ

性教育は、娘に彼氏ができたらパパの本領を発揮します！

れを実践されていますね。

つるの　うちの父が母に対していつも愛情表現をしていたので、それが当たり前になっていて……。

川村　つるのさんもそういうご家庭で育ったからこそ、その姿を子どもに見せることができますよね。きっと子どもも、同じようにパートナーにするでしょうから、性教育の第一関門はクリアですね。

つるの　なるほど！　僕はきちんと性教育できていたわけですね。

川村　そのとおり。

つるの　よかった！　なんだか自信が持てました。

川村　ただし、あまりに性を連想させるコミュニケーションはいくら仲がよくても子どもには見せないようにしましょうね。

つるの　ハグはいいけど、ディープなキスはダメ、とかですかね。

川村　はい。プライベートな部分は自分たちだけの大切なもの。人前に出さない、というのが性教育の前提ですから。恥ずかしいから見せない、ではなくて、自分だけの大切なものだから人には見せない、という考え方です。

つるの　なるほど！

川村　また、世のすべてのパパとママがつるのさんのように仲がいいとは限りませんよね。もちろんシングルファーザー・マザーの方も多い。だからこそ、性教育にはやはり、学校や産婦人科との連携が必要だと思っています。

つるの　先生の活動は親である僕たちにとっても希望の星ですね！

家庭での性教育は、まずはここから！

つるの　僕は小学生の末娘とはまだ一緒にお風呂に入っているんですが、それはよいのでしょうか？

川　村　お風呂はね、自分で入れるようになったら一緒に入らないほうがいいんですよ。特に第二次性徴が来たら絶対にNGです。

つるの　え、そうなんですか？

川　村　ええ。プライベートゾーン、つまり水着を着て隠れる場所は、大切な場所で人に見せるものではないということを幼いころから生活の中で、親子一緒に実践することが大切なんです。

つるの　そうなんですね。子どもが入りたいうちはいいかなと思っていました。

川　村　少しずつで大丈夫ですよ。また、性のことは同性の親が自身の体験を伝えながら教えられると一番いいですよね。また、夫婦で性教育について話をすることも大切だと思います。

つるの　僕は、妻と話して決めていることがあるんです。娘に彼氏ができたときには、パパとして娘にきちんと、自分の体を大切にすることを伝えることです。今日お話を聞いていて、そのときはしっかりやろうという気持ちが湧いてきました！　本領を発揮できるよう頑張ります。

第1章

ある日突然やってくる
あの質問

❶ 性教育はあの質問からはじまる

「赤ちゃんはどこからくるの？」と聞かれて思わず

「パパとママが仲よくしてたら自然とできるんだよ」

と答えてしまった。（40歳女性／娘6歳）

できるだけ事実を言おう！

これ、悪い回答ではありません！ 大丈夫ですよ。さらに「どうして仲よくしてたらできるの？」って聞かれたときは、堂々と「男の人の体の中にある精子と女の人の体の中にある卵子が出合って、赤ちゃんになるよ」と言えれば最高です！

テレビのベッドシーンで「見ちゃダメ」

と子どもの目を覆い隠したが、
「え？ なんで？」と言われて
答えられなかった。(34歳女性／娘６歳)

テレビは性教育のよいタイミング！

テレビのベッドシーンは、親が勝手に慌てているケースが多いように思います。「大人になって、好きな人ができて、赤ちゃんがほしいと思ったらセックスをする」。それを当たり前に伝える姿勢ができていれば慌てなくても済みますね。

性教育は必要だと思うけど

「じゃあ、お父さんとお母さんもセックスしたの？」

なんて言われるかと思うと、気まずくて切り出せない。

（48歳男性／娘10歳、娘8歳）

こういうときこそ堂々と！

セックスについて説明をすでに済ませているのであれば、「そうだよ」「よく気づいたね」と肯定すればOK。「だって、セックスをしないと子どもはできないからね」と、堂々と伝えましょう。「そんなこと聞かないの！」「子どもは知らなくていいの！」と否定しないように気をつけてくださいね。

❷ 恥ずかしさを払拭したい

避妊やセックスという言葉自体
口に出すことが苦手。（29歳女性／娘４歳）
性に対する質問がきたときに

「そんなこと！まだ知らなくていいの！」

と言ってしまった。（36歳女性／息子８歳、娘６歳）
「避妊とかセックスとか子どもに話すものではない」
という気がしてしまう。（50歳男性／娘12歳）

性は「知らなくちゃいけない」こと！

性について聞かれたときに過剰反応してしまうのは、巷《ちまた》に氾濫している性の情報に卑猥なものが多いからかもしれませんね。正しい性の知識は「知らなくてはいけないこと」。まずはその認識を持つところからはじめてみてくださいね。

7歳の息子に赤ちゃんがどうやってできるのかを教えたら、
翌日友だちに話していた。

「うちの子にそんなこと教えないで！」

と、その子のママに怒られた。（36歳男性／息子7歳）

教えたことにまずは喝采！

性教育が進んでいない日本では、性について口にすることすらタブーという家庭も少なくありません。でも、子どもにきちんと性教育ができたことは、ご自身を褒めてあげるべき！ また、子どもが子どもに伝えてしまったことに非はありません。「正しい性教育をすることは重要だし、早いほうがよいと思っているからうちでは教育しているんです」と堂々と相手のママパパに伝えて、意見交換できるとよいですね。

制限をかけていたはずなのに、
息子がいつのまにか

成人向けのアニメの動画サイトを見ていた。

どうしたらいいのかわからず、とりあえず、
すべての履歴を削除した。（41歳女性／息子５歳）

性に関心を持つことは何歳からでもOK！

未就学児でも性に関心を持っている子は少なくありませんからご安心を！ネットはどれだけ制限をかけていても、アダルトサイトにたどり着いてしまうことがあるようですね。対応としてはよいと思いますが、暴力的なもの、支配的なものに触れてしまう前に、性教育をはじめましょう。

③それぞれの教育方針の違いにぶつかる

ママ友たちとその子どもたちと集まって
お茶をしていたら、子どもたちが
「妹ができるんだ！
コウノトリさんが連れてきたんだよ！」
「違うよ！パパとママが
仲よくしたからだよ！」
と言いはじめて、大人は全員真っ青に。
（32歳女性／息子7歳、娘5歳）

家庭内性教育について話し合ってみて

サンタクロースと同じく、性についても家庭での考え方が子どもに影響していますよね。ただ、性はファンタジーではないので、きちんと事実を伝えるのが基本。家庭によって価値観は違うとは思いますが、お互いの家庭での性教育についてママ友やパパ友と話してみるよい機会と考えてみませんか？

妊婦だったころ、保育園に子どもを迎えにいくと
園児たちに囲まれて

「ねえ！どうやって赤ちゃんお腹に入ったの？」「赤ちゃん、どこから出てくるの？」

と質問攻めにあって困った。（32歳女性／息子5歳、娘2カ月）

子どもの興味を削《そ》がないように

子どもはピュアでストレート。気になったことは直球で聞いてきますが、「どうやって入ったんだろうね」「どこから出てくると思う？」と質問して、その興味がどこに向いているのかを観察してみてください。

EDUCATION

「赤ちゃんはどこからくるの?」にどう答える?

うそをつかない性教育が、基本中の基本

子育ての中で必ずと言っていいほど直面するのが、子どもからのこの質問。どう答えるのが正解でしょうか?

ついにこの日がきた!
ねえ! 赤ちゃんって どこからくるの?
?
ついに キターーッ
ビクッ
えっと! あれだ! コウノトリが 連れてくるんだよ!
結婚して 仲よくしてたら できるの!
この質問がきたときに どう答えるか!
事前に考えて おきましょう!
大切なのは うそをつかないこと! 頭ごなしに否定しないこと
うそを つかないか…… 難しいな
どこまで どう答えれば いいんでしょう
一緒に 学びましょう

その日は突然、そして必ずやってくる

「赤ちゃんってどこから生まれてくるの？」
「どうして僕にはおちんちんがあって、ママにはないの？」
「どうして私はパパにもママにも似ているの？」

本書を手に取った方の多くは、もしかしたら、これらの質問を受けて慌てて返答を探しているママやパパかもしれませんね。

さあ、まずは、深呼吸。慌てなくても大丈夫ですが、心してください。この質問がくる日は避けられないのです。わが子がそれくらい大切な質問をする日がきたことを、まずは喜んでください。

自分の「性」についての関心は、命への関心そのもの。また、自分の心や体の性への目覚めでもあります。だからこそ、性への質問がきたとき、ママやパパがどのような顔をするのか、どんな反応をするのか、はとても大切。ドンと受け止めて答えられれば、子どもが人生をよりよく歩むための一助になるのは

間違いありません。

それならば「赤ちゃんってどこから生まれるの？」と聞かれたとき、「ひえー！」とのけぞってしまうよりも、「よしきた！」と喜べるほうがいいですよね。

「いや、でも、性について言葉にするのには抵抗が」
「恥ずかしくてとても語れない」
「夫とすら性の話ができないのに、子どもにどう伝えれば？」

はい！　そこからで大丈夫です。

ただし！　ひとつだけお願いしたい、大切なことがあります。その質問がママやパパにとって「恥ずかしい」と感じる内容だったとしても「そんなことはまだ早い！」「なんてこと言うの！」と、子どもの好奇心にいきなりフタをしないでほしいのです。

もちろん、すぐに正確な回答ができなくてもかまいません。それよりも性に関心を持ったわが子に「成長したね！」「それは、とってもいい質問だね！」

と、**肯定的な返事**をしてあげてください。

そして、ママやパパが学ぶことが大切なのです。

この本はママやパパ、保護者の方が子どもに対して教えるために必要なことを学ぶための本なので、ぜひ読み進めてみてくださいね。

「そのうち自然にわかるもの」は正解？

今子育て真っ最中のママやパパ、そう、今この本を読んでくださっているあなたは、性についてどうやって学びましたか？

「まったく教えてもらった記憶がない」「学校でも保健体育でちょっとだけやったくらい」「家で親から教育されるなんてなかった」という方がほとんどではないでしょうか。

そう、自分が知らないことって、教えることはできないし、そもそもなんだか恥ずかしい。その恥ずかしさの原因のひとつには、幼いころに性について聞いたときに親が気まずそうな顔をしたり、なぜか怒られてしまったり。学校でもなぜかひた隠しにされている「性」を、「公の場で話してはいけない恥ずかしいこと」というふうに捉えてしまったことがあるのかもしれません。

もともと日本には、性について言葉にすることをタブーとしてきた文化があります。**日本は性教育の後進国。私たち自身が十分な性教育を受けてこなかった**のです。

さらに、もうひとつ、日本は性産業の先進国。私たちは幼いころから**暴力的な性描写や快楽としての性の情報に振り回され続けている**のです。結果的に、セックスは支配、快楽を求めること、という概念がいつのまにか意識に刷り込まれていて、子どもに伝えるときにも躊躇《ちゅうちょ》してしまう……これは、ある意味当然のことですよね。

だからこそ！　今ここで、意識改革をしてほしいのです！

どう改革するのかというと、**「性教育は、いやらしいことではなくて、生物の授業」**だということ。これを意識するだけで、ずいぶんと恥ずかしさが減少しませんか？

「性教育、事実に勝るものはなし！」です。

親もこれから学んでいきましょう！

動物図鑑や、動物の生態をもとに、性教育をはじめるのも、性教育に抵抗のあるママやパパにはよい方法だと思います。性教育を受けていないから、子どもにもできない、必要性がわからない、と思うよりも、性教育のメリットを知り、伝える方法をご夫婦で一緒に考えていけたらとても素敵ですね！

私は、小学校、中学校、高校とそれぞれ性教育の講演に出向きますが、小学生には「受精って習った？　知ってる？」と語りかけますし、中学生であれば「セックスって何だろう？」と問いかけ、高校生であれば事前に性交渉の経験があるかどうかをアンケートで聞いておいて、「この中の10人に３人は経験があるということですが、みんな、きちんと避妊はしていますか？」とはっきりと言葉にしていきます。

小学生は自分がどうやって生まれてきたのかに興味津々ですし、中学生や高校生だって恥ずかしがりながらも、問いかければきちんと答えてくれます。

そして、どの世代の子どもたちも、正しい情報を必要としているのです。

特に**3歳から10歳くらいの子どもたちは目に映るものを素直に受け取ってしまう傾向**がありますから、暴力的な性産業の産物……アダルト動画などに触れてしまう前に、科学的事実にもとづく性の授業をしていくことが大切です。

SUMMARY

❶「よい質問だね！」と肯定する

「赤ちゃんはどこからきたの？」と聞かれたら、うろたえたり、子どもの言葉を遮ったりせずに、「そんな質問ができるようになったのね」と、子どもの成長を喜ぼう。

❷事実を伝えることが基本

「コウノトリが連れてくるんだよ」「川から桃に入って流れてくるんだよ」というようなファンタジーを伝えず、「ママのお腹から生まれてくる」ことを伝える。

❸ママとパパも今から学ぶ

ママやパパも性教育を受けていない。いつのまにか、性産業のイメージを刷り込まれていることに気づこう。

EDUCATION

寝た子を起こしていいのかな？

まっさらなうちに正しい情報をインプット

まだ関心も示していないのに性のことを教えるなんて……と、不安になるのはなぜでしょうか？

寝た子は起こせ

子どもが思春期になる前に性教育を一緒にやろう！
うーん、そのうち自然にわかるものじゃない？
だって、わざわざ「寝た子を起こす」必要ある？
スヤスヤ
でも、AVやネットで知るのは怖くない？
性教育を受けたほうが
未成年の妊娠率は下がるんですよ！
ひーっ
子どもにとっては見たものがすべて！
青年雑誌やポルノ動画を鵜呑みにするほうが危険！
た……確かに。ポルノ動画が基準になったら困る。

学校での性教育では足りなすぎる

「性教育は学校でやってほしいんだけど」
「何をどう伝えたらいいのか全然わからない」

お気持ちはごもっともです。国公立の学校では小学4年生ではじめて性教育の授業が行われます。授業数も、学校によってまちまちで、**子どもが必要としている情報を伝えることや、親が望む教育はほとんどできていない**と言っても過言ではありません。

私は、小学校から高校まで、さまざまな年齢の子どもたちに向けた性教育の講演を行っていますが、学校から依頼されているにもかかわらず、事前の打ち合わせでは「セックス」や「ピル」「避妊」などの単語を出すだけで、慌てる先生も少なくありません。学校の指導要領に「歯止め規制」があり、「妊娠の経過は扱わない」と定められているため、先生方も心配されるわけです。この心配というのは、子どもが性に興味を持ち行動に移してしまっては困る、ということ。

そう、**家庭でも、学校でも、「寝た子は起こすな」現象が起きている**のですが、実はこれは大きな間違いです。

むしろ、オランダなどの性教育の先進国では、未成年者の性交経験者の数はグッと下がる傾向があります。正しい教育を受けたことによって、避妊の重要性や、相手の気持ちを思いやることを学び、その結果、安易に行動に移さなくなると言えるのです。

寝た子を起こさない教育をしていると「そのうちなんとなくわかるだろう」と、うやむやにしてしまいがち。その結果、子どもたちは、性教育を受ける前に精通や初潮を迎えて、自分の体の変化を病気ではないかと思い、不安になってしまったりするでしょう。

そうしてたどり着く先が、性産業が生み出したインターネットの支配的な性描写の世界だったとしたら……寝た子は叩《たた》き起こしてでも教育しておいたほうがよいと思いませんか？

寝た子は叩いて起こして性教育

妊娠や避妊についての正しい知識を持っていないことは、望まない妊娠や相手を傷つける行動につながることもあります。何も知らないからこそ、正しい知識を身につけるチャンス。寝た子も起こしてどんどん教えましょう。

よい性教育にはメリットしかない

もともと、性は漢字からもわかるように、「心を生かす」ことであって、性交、つまりセックスは「心いきいきと交わること」です。

つまり、**性教育とは生きる力を育て、心を豊かにする教育**なのだということを、ぜひ、ママやパパの心に刻んでくださいね。

それらのことを、まだ性産業の餌食になっていない子どもたちに伝えることは、本当に重要だと感じています。

さらに、性教育の第一歩としては、ママとパパがいつも仲よく過ごしている姿を見せるのが一番。お互いに「好きだよ」と伝えたり、ハグをしたりしている姿を見ることで、子どもは「男性と女性がコミュニケーションをとることは、なんだかとっても素敵なことだ」と学びます。夫婦がお互いに、お互いを大切に扱っている姿を見せることで、自然とその価値観が子どもに伝わっていくでしょう。だから、ご家庭では存分に、仲のよい姿を子どもに見せてあげてくださいね。

子どものころを思い出してみて

性に対する関心は、持たないより持つほうが自然。ママやパパの大半は、子どものころ、教えてもらってはいないけれどなんとなく興味を持っていた記憶があるのでは？　その関心を正しいほうへ導きたいものですね。

ただし！　スキンシップに留《とど》めておくのも大切なことです。性的な印象の強い過激なキスや、セックスをしている姿を見られないようにすることは、互いのプライベートを大切にすること。これもまた性教育の一貫です。

そして、ご家庭にはいろんな事情があって、夫婦関係もさまざま。そう、仲のよい夫婦もいれば、そうではない夫婦もいますよね。

「夫はまったく性教育を一緒にやろうとしてくれない」

「シングルファーザーだから、娘に何を伝えたらいいのか」

と悩む方もいらっしゃいますが、そういうときは、子ども向けの性教育本で伝えたり、外部の性教育講座に連れて行ってみたり、家庭外での連携も考えてみてくださいね。

性教育は、子どもたちが持っているピュアな関心を大切に扱うこと。

子どもが自分が生まれてきたことを尊び、喜びを感じられる、命の授業を受けられるように、私たち産婦人科医や助産師も頑張っていきたいと思っています。

SUMMARY

❶性教育を学校だけに任せない

学校での性教育は最低限しかなされないと考え、子どもが持つピュアな好奇心を大切に育てていくことが大切。

❷寝た子は起こして教えるくらいでいい

「知らないままなら安心」という考え方をやめ、子どもの興味に対して答えを用意する。必要に応じて学校や外部の力を借りよう。

❸性教育はメリットだらけ

よい性教育を受けると、性産業が生み出した、主に男性から女性への支配的・暴力的な性描写を、きちんと「これは、現実とは違うもの」と区別できるようになる。

EDUCATION

どうしたら堂々と性に対して答えられる？

気軽に楽しく伝えるためのコツ

「性について伝えようとするとどうも恥ずかしい」という思いを払拭するには、どうすればよいでしょうか？

性教育は人権教育

性教育って、何だと思いますか？
？
？
うーん 避妊？
生理について知ること？
それは性教育の一部です。
一部？
性教育って実は
人権教育
なんです
性について知ることは自分を知ること
自分を知れば自分を大切にできる
自然と相手のことも大切だと思える
自己肯定感を高めてくれる大切な教育なんです

生まれてくることの奇跡を伝えよう

私が講演のときに、子どもたちに伝えていることがあります。

「**あなたたちは、3億分の1の確率で生まれてきた、奇跡的な存在なんだよ。**もしかしたら、つらいと思うことだってあったかもしれない。だけど、1個の精子だったあなたは、必死で泳いで3億の精子の中でたったひとつだけ、卵子にたどり着いたんだよ」

3億人の中から選ばれるなんて、そうそうありませんよね。宝くじに当たるよりも低い確率です。

でも、3億分の1の確率で選ばれた人だけが、この世に人として生を享《う》けている。今、この世に生きている人は誰ひとり例外はありません。この本を読んでいるママやパパだってそう。

もちろん体外受精によって生を享けた子どもだって、何億分の1の確率であることに変わりありません。自分の子どもが養子だという人も、その子どもが奇跡的な確率で生まれてきたことに変わりないのです。

これは、ドラマティックな演出でも何でもなく事実です。生物の授業そのものですが、この話を聞くと、子どもたちの顔が明るくなり、自信に満ちてくるのを感じます。

この事実には、自己肯定感を高める大きな力がある。

私はそう思っています。

この競争社会の中、人と比べられたり、うまくいかないことがあって挫折したりすることがあったとしても、今、ここにいて生きていること、それ自体がどれほど尊いことなのかを、ぜひ、子どもに伝えてあげてほしいのです。

その事実を受け取った子どもは、自分の存在に自信を持つことができます。

そして、もうひとつ大きなメリットがあります。

この世に生まれてきた人すべてが、尊い命なのだと気づくことで、他者への敬意や思いやる心が生まれます。誰かをいずれ愛するようになったとき、自分のことも、相手のことも、尊重し大切にできる素敵な大人になるための教育を、ママとパパで一緒に頑張ってみてくださいね。

お子さんへの愛情表現としても、子どもが生まれてきたときの話や、生まれてきたとき、どれほど嬉しかったのかを、伝えてもらえたら私も嬉しいです。

性教育はありのままの自分を愛する第一歩

私は、性被害などによる望まない妊娠によって生まれてくる赤ちゃんを多く取り上げてきました。その子どもを、断腸の思いで養子に出す幼い母親の姿も、それはもうたくさん見守ってきました。

だからこそ、実感していることがあります。

誰もが幸せな家庭の中で育っているわけではありませんし、妊娠が予期せぬことだったとしても、子どもが、３億分の１の切符を手にしてこの世に生まれてきたことは、**たとえ、どのような状況で生まれてきたにせよ尊い**ということ。

もちろん、性教育には性暴力などによる望まない妊娠を防ぐという大きなミッションもありますが、その前に、生まれてきた自分を大切に扱うための土台をつくる教育だと思っています。

さらに性教育は、それぞれの個性を大切に扱うための教育でもあります。

まったく同じ顔の人はいないし、まったく同じ体の人もいません。背が高い人もいれば小さい人もいるし、胸が大きな人もいれば小さな人もいて、ペニスが大きな人もいれば小さな人もいる。それがすべてとっても素敵なんだよということを伝えるよい機会です。

これらは、ＬＧＢＴＱやダイバーシティの理解にもつながりますし、人がありのままの自分で自由に生きる権利、つまり人権について伝える機会でもあるわけですね。

入り口は生物の授業。
そして、人権教育でもあるのが、性教育。

子どもがより豊かな人生を、自信を持って進んでいくために必要な知識を、ぜひママやパパから伝えてあげてくださいね。

SUMMARY

❶性教育は、命の授業

この世に生を享けるとき、どれほどに自分が頑張ってその切符を手にしたのかを伝えよう。

❷性教育は、自己肯定感を高める授業

性教育は、自分がこの世に生まれてきたことを尊び、「ここにいていいんだ」と、自分の居場所を見つけるための教育でもある。

❸自分と他者を大切にできる子どもに

ママやパパが、恥ずかしがらずに性教育をすることで、自分を大切にし、他人を大切にできる子どもに育つ。

COLUMN 01

安心感と幸福感のホルモンで親子の信頼関係を深めよう

親子の信頼関係はスキンシップから生まれます。赤ちゃんのころからの触れ合いは、「生まれてきてよかった」「自分には居場所がある」という感覚につながるもの。優しく触れる、抱きしめることで、オキシトシンというホルモンが分泌され、心が落ち着き、幸せな気持ちになれます。この安心感を得て、触れ合いながら育つことで、いずれ、大人になってパートナーができたとき、自然と相手に優しく触れたり扱ったりすることができるようになります。

実は、ローティーンで性的関係を持ってしまう子どもたちの中には、こうした安心感を持てずに育った子どもたちもいます。孤独や寂しさを抱えていて、性的に結びつくことでそれを埋めようとすることがあるからです。もちろん、すべてがそうではありませんが、正しい性教育と愛情を伝えることが、子どもにプラスになることは間違いないでしょう。

第 2 章

命の授業をしよう

④ママとパパをドキリとさせるこの質問

「ママ、パパ、キスしてみてー」と言われて赤面した。（32歳男性／娘5歳）

テレビのキスシーンを見ていた子どもに

「ねえ、ママとパパもキスするの？」

と聞かれて焦った。（29歳女性／娘5歳）

キスはプライベートなもの

性に関する話をするようになると、子どもから聞かれるかもしれないこの質問。「そうだよ」と明るく答えられるならそう答えてもかまわないと思いますが、「してみてしてみて」と言われても、して見せるのはNG。「親子でもプライベートなことだから立ち入ってはいけないの」と教えることで、子どもたちも学んでいきます。

動物の生態について図鑑を見ながら話していたら

「人間も交尾するの？」

と聞かれて困った。

（36歳女性／息子7歳、娘1歳）

具体的に受精の話をしたいと思うが
自分たちも性教育を受けていないので
夫婦共に抵抗がある。（45歳女性／娘9歳、娘3歳）

ハッとする場面はあらゆる場所に

「いつかそのうちわかる」というのは大人の都合。何に対しても興味津々の子どもたちが、性に触れる場面は幼いころから多分にあります。性教育の絶好の場面を逃さないよう、心算をしておきましょう。

精子と卵子が受精するという話をしていたら

「え、どうやって？手術するの？」

と聞かれて返答に詰まってしまった。

（38歳男性／息子8歳）

質問がきたときこそチャンス！

子どもは純粋な興味で聞いてきますが、親が、慌てたり、気まずそうにすることで「あ、これは聞いてはいけないことなんだ。隠さなくてはいけないことなんだ」と思ってしまうかもしれません。性に関する質問はチャンス！ 早くからこれらの質問にどう答えるか、考えておけるといいですね。

⑤ 子どもが直球すぎて焦る

「僕もセックスしたら赤ちゃんができるの？」

と聞かれて慌ててしまった。（35歳女性／息子８歳）

受精の話をしたときに
「私も赤ちゃんがほしい！」
と言われてパニックになった。（40歳男性／娘９歳、娘６歳）

ドキリとする質問にも焦らずに！

たいへん慌てられたようですが、この質問を「セックスしたい」と言われているかのように捉えて慌てる必要などありません。「そうだね、まだ子どもだからできないね」「子どもは子どもを産めないんだよ」「大きくなってちゃんと育てられるようになったらね」と伝えましょう。

「赤ちゃんは産道を通って自分で体をよじらせて
頑張って生まれてくるんだよ」
と教えてはみたがうちの子は帝王切開。

「私は頑張ってないの？」

と言われて参った。
慌てて「そうじゃない」と説明した。

（44歳男性／娘7歳、娘9カ月）

命の尊さは同じ。堂々と伝えましょう！

生物学的に、精子と卵子がどう出合い、どのようにして人間が生まれてくるのかを伝えたうえで、帝王切開で生まれてきたことを伝えられたらいいですね。そのとき、帝王切開で生まれた理由もきちんと伝えるようにしてください。

入浴中に娘から

「パパみたいに私もおちんちん生えてくる？

と聞かれて焦ってしまった。

（35歳男性／娘５歳、娘４歳）

男女の差を伝えるチャンス

「生えてこないよ。男の人と女の人の体の違いについて勉強しよう」。そうやって人体図鑑などを使い、性差や性器、生殖について教えておくのはよいことです。ただし、自分でお風呂に入れる年齢……小学生くらいになったら、子どもと一緒にお風呂に入るのは避けたいところです。同性の親も含めて、互いのプライベートゾーンを見せない教育を！

6 多様性を説明するのが難しい

テレビに出ているタレントを見た息子が

「ねえ、なんであの人お化粧してスカートはいてるの？」

と聞いてきて、「色んな人がいるんだよ」と答えたが、それでよかったのか悩む。（40歳男性／娘9歳、娘6歳）

まずは、いろいろな人が存在することを伝える

性的マイノリティについて説明するよりも前に、「男だから、女だからではなく、好きなものを選んで自由に生きる権利があること」を、伝えられるとよいですね。「男の子でもお人形が好きな子はいるだろうし、女の子でもブルーが好きな子もいる。それは全部OKなんだよ」ということが、多様性を受け入れる一歩につながると思います。

息子が人形遊びをはじめて

「ロボットよりもこっちがいい」

と、言われて焦ってしまった。

（46歳男性／息子５歳）

「男なんだから泣かない！」

と言ってしまう。

（41歳男性／息子５歳）

新しい価値観を親がまず受け入れよう！

これまで育ってきた中で刷り込まれた価値観を覆すのは、努力がいることですから、まず、自分がつい言ってしまっていることに気づけているだけでもＧＯＯＤ！　日ごろから「男とは」「女とは」でものごとを見ていないか、子どもにその価値観を押しつけていないか、夫婦で確認してみるなど、少しずつ変えていく努力が必要です。

EDUCATION

妊娠・出産についてどう説明する？

命のしくみを丁寧に伝えよう

どのようにして赤ちゃんができ、ママのお腹で育ち、生まれてくるのか。どう話すとよいでしょうか？

生まれた奇跡

ねえねえ
ドーーン
赤ちゃんってどうやってできるの？
どこから
えっと
やっぱり答え方がわかりません！
この「どうやって」の意味を聞いてあげてください
意味？
産道を通ってくることが知りたいのか
お腹の中でどうしてるのか知りたいのか
知りたいことを教えてあげて
どこから出てくるの？
おなかの中でおなかすかないの？
そっか、ただ子どもの興味に答えればいいんだ
親が勝手に焦っているだけなんだね

赤ちゃんはこうやって生まれてくる

「赤ちゃんはどこからくるの？」
「赤ちゃんはどうやってママのお腹に入るの？」

こういった質問ができるようになるのは、何歳ぐらいだと思いますか？
多くの場合が3歳から5歳くらい。周囲にいる赤ちゃんと遊んだり、弟や妹がママのお腹の中にいたりするのを見て、当たり前のように湧いてくる疑問なのかもしれませんね。

こういう**質問が出たときこそ、性教育のチャンス**ですが、質問が出なくても、テレビで赤ちゃんが出ているときや妊婦さんを見かけたあとなど、タイミングを見つけて赤ちゃんがどうやって生まれてくるのかを子どもに説明してみてください。

私が小学校で性教育を行うときの学年は多くが5年生か6年生。学校の保健体育で性教育を受けた子どもたちなので、男性と女性の外性器について、まず名前をきちんと医学的に伝えるところからはじめています。

「男性の外性器にはペニスがあって、尿の出る尿道口と便の出る肛門がありま す。女性の外性器は、尿道口と肛門、その間に赤ちゃんが出てくる膣口《ちつこう》があるんです」

子どもたちは真剣に聞いてくれます。

科学的な解説をしたあとで、助産師さんたちにバトンタッチし、赤ちゃんがどうやってお腹の中から出てくるのかを説明してもらっています。出産時、ママは陣痛で頑張っていますが、赤ちゃんも、体をねじ曲げながら外に出るために必死で頑張っています。せまい膣を通ってきた赤ちゃんの頭は、細長く変形していることがほとんどですが、これは赤ちゃんが生まれるために頑張った証です。

「ママとあなたが一緒に頑張って、あなたは生まれてきたんだよ」と、伝えてあげることで、子どもは誇らしい気持ちにもなれるでしょう。ぜひ、図解などを一緒に見ながら教えてあげてくださいね。

外性器・内性器の名前をきちんと伝えよう

女性の内性器

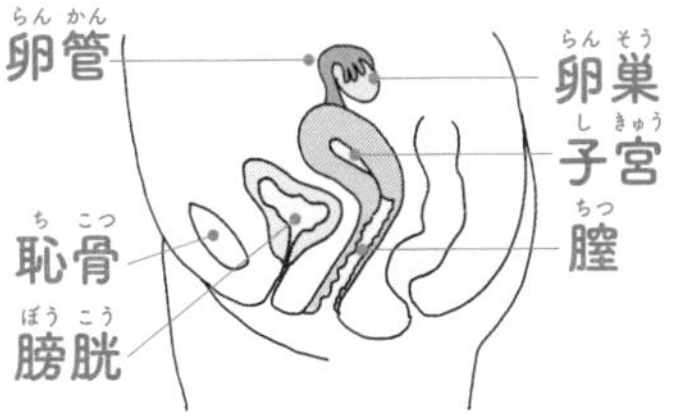
卵管《らんかん》
卵巣《らんそう》
子宮《しきゅう》
恥骨《ちこつ》
膣《ちつ》
膀胱《ぼうこう》

女性の外性器

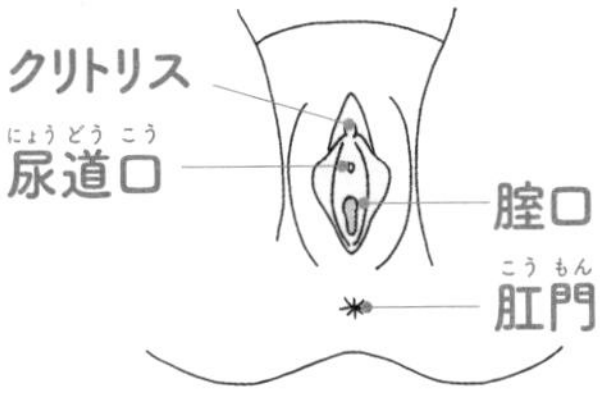
クリトリス
尿道口《にょうどうこう》
膣口
肛門《こうもん》

男性の内性器

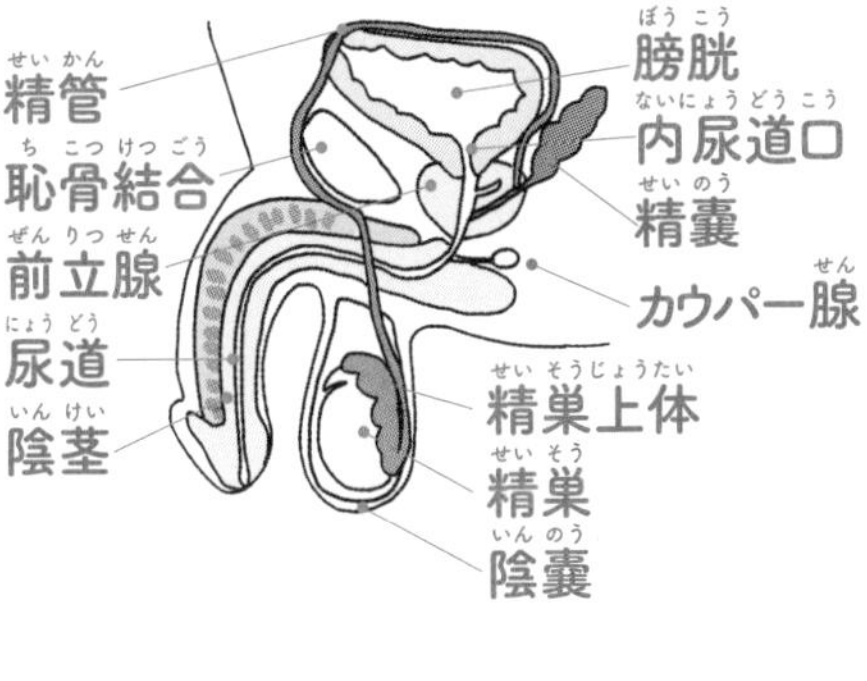
精管《せいかん》
膀胱《ぼうこう》
内尿道口《ないにょうどうこう》
恥骨結合《ちこつけつごう》
精嚢《せいのう》
前立腺《ぜんりつせん》
カウパー腺《せん》
尿道《にょうどう》
精巣上体《せいそうじょうたい》
陰茎《いんけい》
精巣《せいそう》
陰嚢《いんのう》

男性の外性器

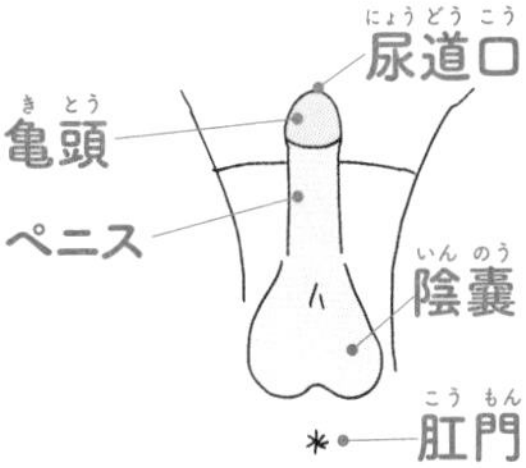
尿道口《にょうどうこう》
亀頭《きとう》
ペニス
陰嚢《いんのう》
肛門《こうもん》

出産時の胎児の頑張りを説明しよう

分娩中はママも頑張っていますが、骨盤や産道に合わせて、赤ちゃんが自分で姿勢を変え、回転しながら降りてきます。これを「回旋《かいせん》」と言います。

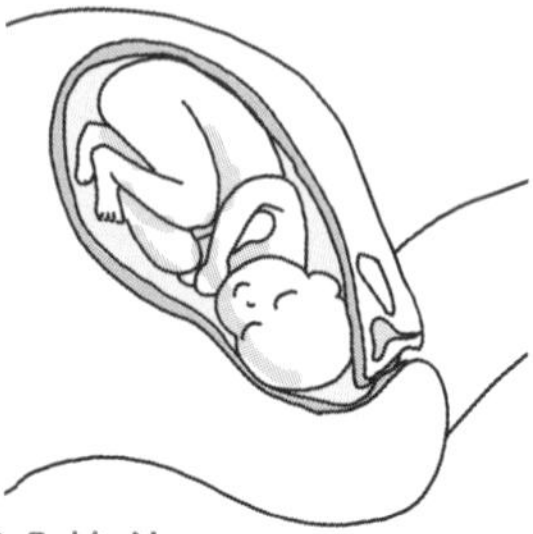

①分娩前

赤ちゃんはまだ子宮の中にいます。

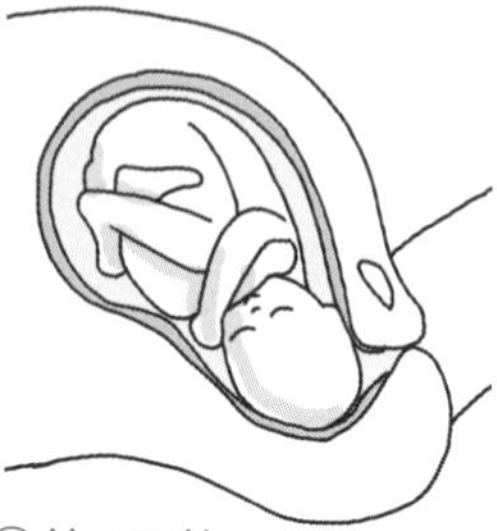

②第1回旋

赤ちゃんが顎を引いて準備をします。

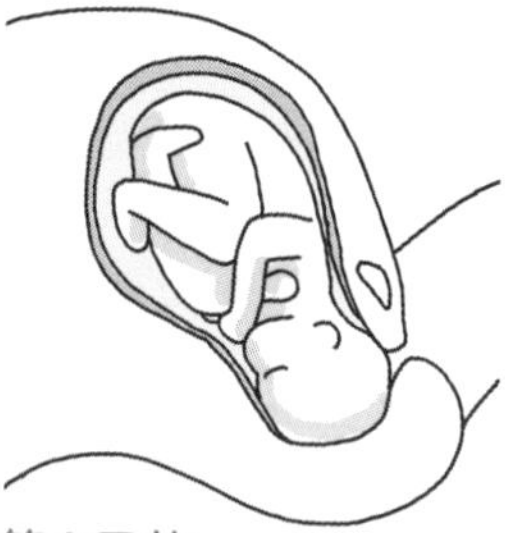

③第2回旋

顔がママの背中側へと向きます。

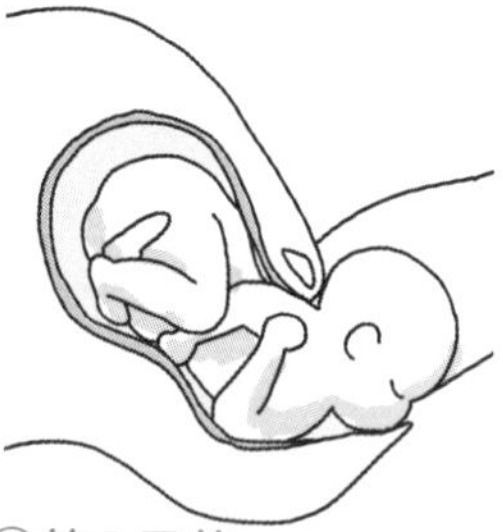

④第3回旋

顔をグッとあげて出てきます。

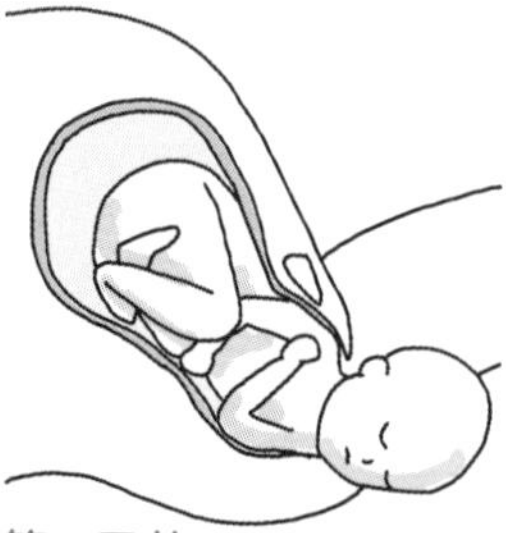

⑤第4回旋

顔を元に戻しながら肩が出てきます。

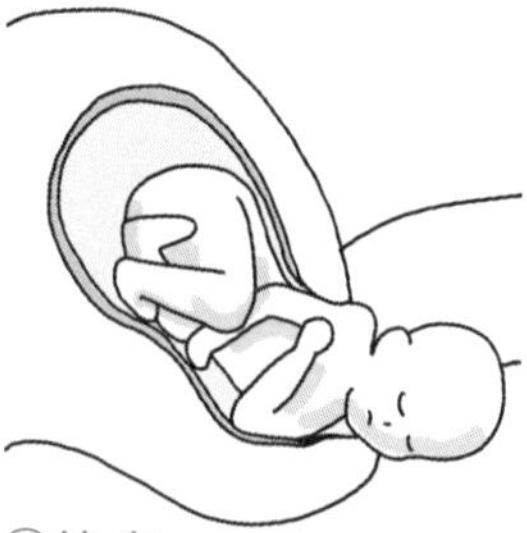

⑥娩出

赤ちゃんが膣から出てきます。

SUMMARY

❶体の名前は医学的に

子どもに自分の体のことを教えるのは大切なこと。「あそこ」「おちんちん」ではなく、「ペニス」や「尿道口」と、きちんと名前を教える。

❷赤ちゃん自身が頑張って生まれてきたことを伝える

ママも頑張ったけれど、赤ちゃんも頑張って生まれてきた。もちろん帝王切開でも同じように、「一緒に頑張ったね」と伝えよう。

❸10歳までに性の基本を教えておく

子どもは命のしくみについて興味津々。親の話を目を輝かせて聞いてくれる時期に、性の基本を伝えよう。

EDUCATION

受精について、どう話す？

妊娠・出産は生物の授業のように話す

妊娠と出産、不妊治療や帝王切開のことを子どもに伝えるには、どうするのがよいでしょうか？

親の葛藤

僕は……
シングルファーザーで一人娘を育てているんですが
娘から「赤ちゃんってどこからくるの？」って聞かれて
母親について話をすることに抵抗があるんです
その場合は本だったり学校だったり保健の先生に協力を仰ぐなど第三者にお願いしてみて！
女性の家庭の医学
思春期の子どもは異性の親を「異性」として捉えますから
初経がきたときパパは触れないほうがいいですね
娘の心情を考えなくてはですね！
なるほど〜

受精は、わが子が勝ち取った命

「赤ちゃんが生まれるためには、まず、男性と女性がセックスをします。男性のペニスが女性の膣の中に入り、そこで射精をします。男性の精子は1度に約3億個射精されます。精子は膣から子宮の中に泳いで入り約200個だけが卵管までたどり着いて、その中の1個だけが、卵子にたどり着いて、赤ちゃんになります。皆もそうやって生まれてきたんですよ」

小学生の性教育の講演でも、これについては、しっかり話します。前章でも話しましたが、この3億分の1の確率を伝えることは、生きる力を育てることでもあります。

家庭環境に恵まれなかった子どももいますし、さまざまな挑戦に失敗して、自分のことをダメだと思うこともあるでしょう。だけど、自ら望んで生まれたくて卵子にたどり着き生まれた命なのだと認識することで、自分の命の尊さを改めて感じてくれることもあります。

帝王切開や体外受精について

帝王切開で生まれた子どもについても、生命のしくみとして、受精、妊娠、出産の流れについて説明したうえで、帝王切開で生まれたことを伝えるのが自然。一緒にお風呂に入っていれば、「ママ、この傷なあに?」と聞かれることがあるかもしれませんが、そういったきっかけで「ママとあなたが頑張った印だよ」と伝えるのもよいかもしれませんね。

また、近年は不妊治療の体外受精による出産件数も増えてきました。2018年に体外受精で生まれた子どもは5万6979人。これは、16人に1人が体外受精で生まれた計算になります。

1978年に世界ではじめて体外受精での赤ちゃんが生まれましたが、このときメディアなどで、「試験管ベビー」と呼ばれたこともあり、体外受精は命を試験管の中で生み出したような印象を与えてしまったように思います。体外受精の場合でも、受精卵は女性の体内に戻され、通常の妊娠と同じ経過をたどり、子どもは母親から生まれてきますから、子どもに体外受精のことを伝える

受精について話そう

①男の人と女の人がセックスをして

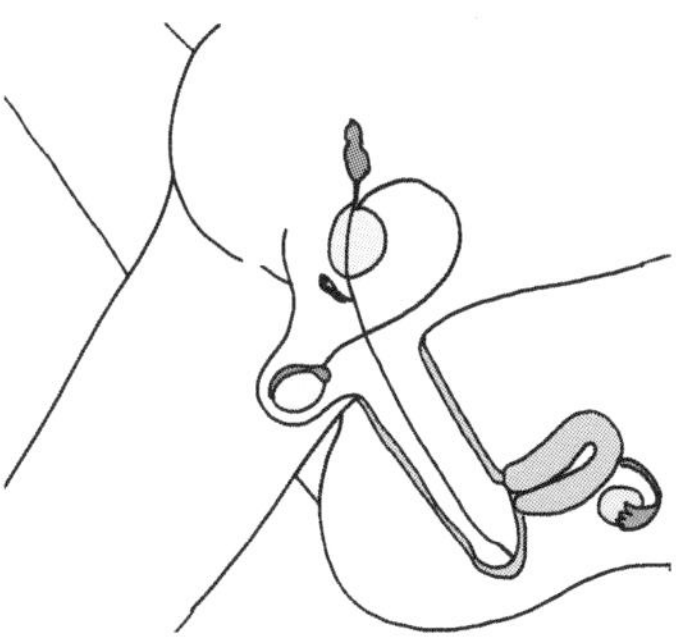

②男の人のペニスが女の人の膣に入り、男の人が膣に射精

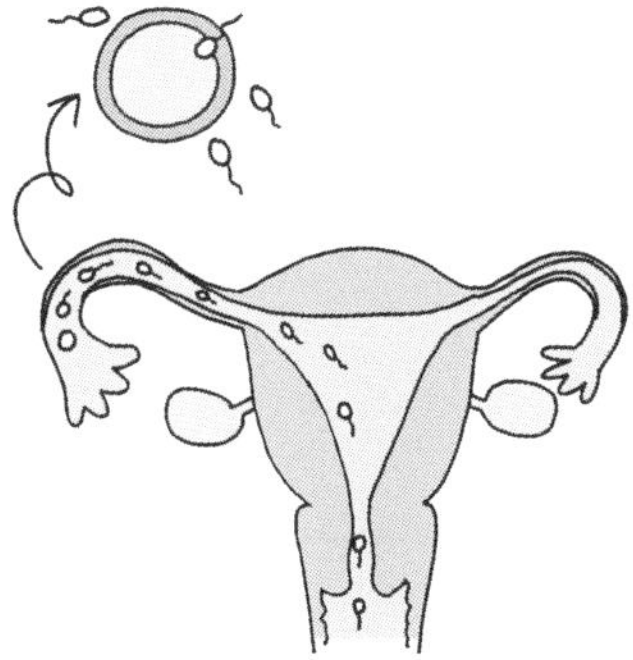

③精子が卵子にたどり着いて受精し、生命が誕生

かどうかは両親次第でしょう。

ただ、体外受精をされている場合で、さらに、第三者の精子や卵子を使った不妊治療で授かったという場合は、生物学上の父親や母親が夫婦とは別に存在する事実があります。この場合は、子どもにその事実をどう伝えるか悩まれることもあるかもしれません。

不妊治療がまだ一般的でなかったころは、事実を知らせないほうがよいという風潮もありましたが、近年は「出自を知る権利」を大切にする動きが大きくなってきています。それに従って、子どもが成長したときに希望すれば、提供者の情報にアクセスできるようにする取り組みも広がってきています。

10歳までに性教育の基礎が必要なわけ

2009年にユネスコが世界保健機関（WHO）などとともに作成した「国際セクシュアリティ教育ガイダンス」によれば、性教育の開始年齢は5歳となっています。

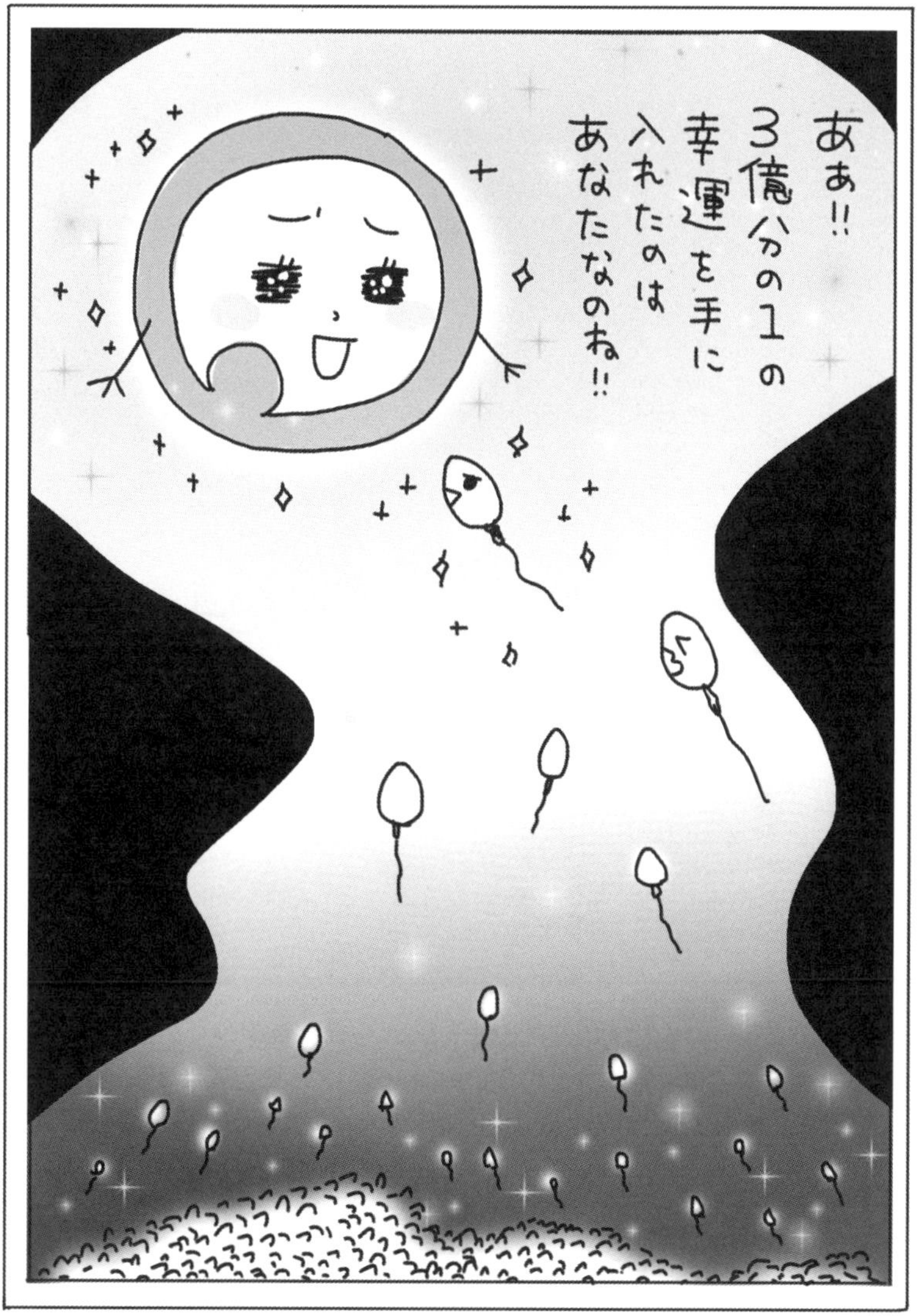
ああ!!
3億分の1の
幸運を手に
入れたのは
あなたなのね!!

フィンランドでは性教育が必修科目。中学校の教科書では、同性愛やペニスのさまざまな形、マスターベーションなどについても触れていますし、コンドームや生理用品が配られ、コンドームの使い方も学びます。ドイツでも、小学5年生から生物の授業を通じて、性の知識を伝え、避妊具や避妊薬に触れたり、コンドームを模型に装着したりする実習もあるといいます。

一方で、日本の性教育は小学4年生、つまり10歳になってはじめて保健体育で出てくるという具合でしたが、２０２１年から文部科学省が推進する「生命《いのち》の安全教育」もスタートしています。

3歳から10歳ごろまでは、子どもたちは「うんち」「おしっこ」「ちんちん」など、下ネタが大好きな時期。同時に、親が話すことを素直に聞いてくれる時期でもあります。うまく性教育の基礎を伝えることができたなら、素直に吸収してくれるだけでなく、下ネタの嵐からも解放されることが少なくありません。

逆に、**この時期を過ぎると両親が話すことに対して関心を持たなくなる思春期に入っていくので、10歳までの教育は非常に大切**になってきます。興味を持って親の話を聞いてくれる時期に、ぜひ、スタートしてみてくださいね。

SUMMARY

❶セックスという言葉をためらわない

恥ずかしがったり、隠そうとすると、子どもも「隠さなければ」と感じてしまう。あくまでも、淡々と、事実を伝えること。

❷子どもの出自をどう話すかは夫婦で話し合う

養子や第三者の精子や卵子を提供してもらっての体外受精など、子どものルーツに関わることをどう伝えるか。必要に応じて専門機関のサポートを受けながら、夫婦で同じ方向を向けるようにしておく。

❸ママ友パパ友と一緒に情報共有

性教育をいつ行うのか、どんなふうに話すのか。子どもがいつも一緒にいるママ友やパパ友と話す機会を作れるとよい。

EDUCATION

LGBTQについてどう伝える？

性の多様性を認め合える子どもに育てる

心と体にそれぞれ性があることを、どう伝えれば子どもは理解できるのでしょうか？

多様性への理解

ねえパパ！僕、お人形さんがほしい
えっ!?
ってことがあってどうしよう
悩むね。でも
男の子だから人形がダメってのも違うよね
この先どうなるかわからないけどあの子の興味を削《そ》がないようにしよう
わ〜!! パパママありがと〜!!
子どもの関心を尊重して
自由に生きる権利を奪わないようにしたいですね

体の性と心の性を理解しよう

「体が男性で生まれてきた人がいて、心が女性だと思っている人がいたとしたら、その人は、女性でしょうか？　男性でしょうか？」

私が学校で講演するとき、中学生以上の場合は必ず、ＬＧＢＴＱの話をするようにしています。

体が男性で生まれたとしても、心が女性であれば、「本人が信じている性が、性別」というのが相手を尊重する考え方です。また、同時に、性的に魅力を感じる対象が同性である場合や、男性にも女性にも魅力を感じる場合などについても伝え、それらはすべてＯＫであると伝えています。

「ＬＧＢＴＱの日本での割合は11人に１人ですから、このクラスにも数人はいるという計算になりますね。生まれた性と心の性が違う人や、好きになる相手が同性である人がみんなのクラスの中にもいると考えるのが自然です」

そう伝えることで、子どもたちの中でＬＧＢＴＱの存在は身近なものに変わります。

そして、**すべての人に幸せに生きる権利がある**のだということを伝えるようにしています。

「もしも、心の性と体の性が違う人がいたとして、自分の心の性で堂々と生きられるとしたら、それは素敵なことだと思いませんか？　愛する人が同性でも異性でも人を愛するって素敵なこと。それを応援できる人になってほしい」

人と違うから排除されるのではなく、それぞれの個性を尊重して生きていくこと。その器が心の中にあれば、顔や体の特徴で相手をからかったり、いじめたりすることもなくなっていくでしょう。

「なんか、あの人違うね」

子どもが興味でそう言ってくるとき、ぜひ、それを理由もなく「そんなこと言わないの！」と頭ごなしに否定するのではなく、「お顔が一人ひとり違うように、いろいろな人がいるんだよ。違っていても、いいんだよ」と、**多様性や、お互いを尊重する心を育ててあげて**くださいね。

子どもの性に関心を持とう

近年はＬＧＢＴＱに対する理解が世界的に深まってきているものの、日本での法整備はまだ進まずにいます。このような状況でも、最近の子育て世代の中には、「自分の子どもが、もし、生まれてきた体の性とは違う心の性を持っていた場合に」と、子どもに、男性にも女性にも使われる名前をつけているという人もいるようです。

子どもが体の性とは違う心の性を持っていたり、恋愛対象が同性であったりすることも11分の１の割合でありうるわけですね。

とはいえ、実際に子どもがＬＧＢＴＱであることがわかったとき、なかなか受け入れられないという場合もあるかもしれません。それでも、子どもが自分の性や、性的指向に違和感を感じていることに気づいたら、**理解できなくても、**

その気持ちを正直に伝えつつ、尊重する姿勢を持てるといいですね。

「ママは、まだ正直よくわからないけれど、あなたがそう感じているのなら尊重するよ」

という姿勢を持てるかどうか。

テレビなどで、ＬＧＢＴＱの人が出ていることや、同性婚にまつわる問題を扱うドキュメンタリーなどを放送していることがありますよね。そんなときに、「男の子だから、女の子だから、じゃなくて本人が幸せなのが一番だよね」「自分が信じた性で堂々と生きられるって素敵だよね」「人を愛するって素晴らしいね」と子どもに伝えておくことで、もし子どもが自分の性別に疑問を抱いたときに、親に相談しやすくなるでしょう。

親がＬＧＢＴＱへの意識を高め、学んでおくこと。

それが、子ども自身を救うことになることもあれば、子どもがどのような人でも尊重して一緒に生きていくことができる人に育っていくことにもつながりますよ。

SUMMARY

❶LGBTQについて学んでみよう

レズビアン、ゲイ、バイセクシャル、トランスジェンダー、クエスチョニング。多様性を認め合う社会の取り組みや、誰もが自由に自分らしく生きていくにはどうあればいいのか、ママとパパの間でも話そう。

❷自分の中の性に対する先入観に気づこう

「男の子なんだから」「女の子なんだから」と限定した価値観で接していないか、日ごろの言葉がけや、ママやパパの中にある先入観を見直してみる。

❸多様性や、他人を尊重する心を育てよう

男の子がお人形や女性の洋服に興味を示したり、女の子が長い髪やスカートを嫌がったりするとき、「あなたはそうなのね」という立ち位置からはじめてみる。

COLUMN 02

誰にでも幸せに生きる権利があることを伝える

LGBTとは、レズビアン（女性同性愛者）、ゲイ（男性同性愛者）、バイセクシャル（両性愛者）、トランスジェンダー（体の性と心の性が不一致）の頭文字をとったものです。また、その4つに当てはまらない人をQ、クエスチョニング（自身の性の自認や性的指向が定まらない・定めない人）としています。

世界的にLGBTQを尊重する動きがでてきています。差別を禁止する法律が制定される国、同性婚や同性のカップルへの養子縁組も認められる国もでてきました。日本では、学校のクラスの中で数人は、セクシャルマイノリティを自覚していると言われますが、カミングアウトしづらい環境であり、いじめに遭うことも少なくありません。「どんなあなたでも、居場所はある。愛している」「どんな人にも自分らしく生きる権利がある」と日ごろから伝えておくことで、子どもが性に関する悩みを抱えたときなどに相談できる関係になれるのではないでしょうか。

第3章

性教育で身を守るということ

❼迫りくる危険から子どもをどう守る？

子どもがグループチャット上で
「写真送って」と言われて送ったと聞いて
どう対処していいのか途方に暮れた。
（34歳女性／娘8歳、息子7歳）

子どもがSNSで知らない男性とやりとりをしていて

「裸の写真撮って送って」

というメッセージを受け取っていたのを
知って怖くなった。（44歳女性／娘9歳）

SNS使用のルールを決めよう

子どもが自覚のないまま、写真を送ってしまうというケースは少なくありません。そこから児童ポルノサイトに掲載されるなどの犯罪につながることもあります。くれぐれも、水着で隠れる場所は、人に見せない。写真でも送らない。徹底してルールを決めて、危険性をきちんと子どもに伝えてあげてくださいね！

塾のエレベーターで男性と二人になった娘が

「お尻を触られた」

と言って泣いて帰ってきた。
そのあと、塾に行くのを怖がるようになりやめるしかなかった。
（40歳女性／娘12歳、娘７歳）

再発防止と心のケアが必要

とても怖い目に遭いましたね。こういう場合警察での状況の再現でさらに傷ついてしまう子どもも少なくありません。子どもの様子を見ながら、専門家の力を借りて心のケアをしっかりしてあげてください。

第二次性徴がはじまっている
10歳くらいの男の子を

女湯に連れて入ろうとしているママ

がいて周辺の人たちは驚くし、
男の子は恥ずかしがっていて
かわいそうに見えた。

（32歳女性／息子10歳、息子5歳、娘2歳）

異性の湯には連れて行かないのが基本

ご家庭の事情もありますので一概には言えませんが、男湯に女の子を、女湯に男の子を連れて入るのは、子どもへの性虐待になります。また、第二次性徴がはじまった子どもを異性のお湯に連れて入ることは、入っている人たちに対しても性的な暴力となるのです。年齢関係なくできるだけ異性の子どもを連れて行かないようにしたいところです。

８ お尻怪獣、おっぱい怪獣に困っている

息子が保育士さんの

おっぱいやお尻を触っているらしい。

どうやめさせればいいのか
悩んでいる。（37歳女性／娘９歳、息子４歳）

相手のプライベートゾーンを触るのは痴漢行為

子どもであろうと、他人のプライベートゾーンを同意なしに触るのは完全にアウトです。「プライベートゾーンは、触れさせてはいけないし、触れてもダメ」と徹底して伝えることが大切です。未就学児ならいいけど、小学校の中学年になったらダメ、という曖昧なものではなく、ダメなものはダメ、としっかり教えていきましょう！

子ども同士がキス

をしながら「結婚する!」「大好き」と言っていて
微笑《ほほえ》ましいし、かわいいと思っていたが
防犯上は、ダメだと言うべき
だと思うようになった。

(46歳男性/娘10歳、息子4歳、娘3カ月)

そのとおり! 相手の大切な場所には許可なく触れない

「友だちであろうと、プライベートゾーンである口に触れることはダメだ」と伝えましょう。親子や親戚でも、断りもなく子どもにキスしたりハグしたりするのは、痴漢に等しい行為なのです。他人のプライベートゾーンを触ると喜ばれる、と子どもに勘違いさせないためにも、親のほうが意識して線を引くことが大切です。

子どもが人前で
おもしろがって
「うんち」「おしっこ」
「ちんちん」「おっぱい」
と連呼するので、困っている。
でも、子どもってこんなものなのかも。

（29歳女性／息子６歳、息子５歳）

何度も教えることが大切

未就学児が「うんち」「おしっこ」と言うのは、放っておいてもよいと思いますが、お尻を出したり、相手のズボンを下げるというような行為は徹底してダメだと教えましょう。ふざけているだけだからとよしとしてしまうと、お医者さんごっこで服を脱がせたり、勝手に友だちのズボンを下ろしたりという性的ないじめに発展することもあります。

9 災害時に実際に起きたこと

東日本大震災で避難所生活を余儀なくされたとき
プライバシーがまったく守られておらず
子どもの着替えが大変だった。

人が見ている前で女の子を着替えさせるのは気が引けた。

（47歳男性／娘16歳、娘14歳、息子8歳）

人目につかない場所で着替えさせて

災害などの有事には、日常と同じようなケアはできないとしても、子どものプライベートゾーンを守るように努めてください。防災グッズには、目隠しになるようなものを準備しておき、避難所生活でのプライバシーが守られるように日ごろから考えておきましょう！ 避難所に行かなくて済むよう、キャンプグッズなどをそろえておくのもいいですね。

東日本大震災で被災。
災害時に出動しなくてはならない仕事だったので、
混乱と停電の中で、妻と子どもたちを家に残しているのが
防犯上心配だった。（44歳男性／娘13歳、息子5歳）

自宅に「お風呂貸してください」

と男性が訪ねてきたが、
赤ちゃんもいたし、怖くてお断りした。
（39歳女性／息子11歳、息子8歳）

災害のときも安易に自宅に人を入れない

災害時に助け合うのは当然のこと。とはいえ、母親と子どもだけで家にいるときなどは、自宅に人を入れないように気をつけましょう。災害時は、いつも以上に子どもが性犯罪などに巻き込まれないように注意するようにしましょう。また、日ごろから自宅周辺が真っ暗にならないよう、停電したときの夜の防犯対策などについて考えておきましょう。

EDUCATION

人に見えちゃいけない場所をどう教える？

プライベートゾーンを理解できればステップアップ

人前でお尻を出したり、保育士さんのおっぱいを触ったりする子どもに、どう教えたらよいでしょうか？

プライベートゾーン

最初に伝えることって一体何だろうね
やっぱり小さい子は防犯かなあ
心配!!
性教育でまず伝えるべき重要なことは
プライベートゾーン
ここはとっても大切な場所
だから人に見せたり触らせたりしないでね
と繰り返し教えましょう
スカートめくりや
キャー
お尻を出すことがなくなるかも
プリプリ
たしかに

まずはプライベートゾーンを教える

子どもの性教育でしっかり伝えてほしいのが、「誰の体にもある大切に扱わなくてはならないプライベートゾーン」の存在です。

口、そして、水着を着て隠れる場所のことを指します。

「お口と、水着で隠れる場所は、あなたにとってとっても大切な場所。だから、人に見せても触らせてもいけないよ」

「プライベートゾーンを見たがったり、触りたがったりする人がいたら、それは怖い人だから、はっきり嫌だと言って、大きな声で助けを呼んで、逃げないといけないよ」

「お尻やおっぱいやおちんちんはとっても大切な場所だから、おおっぴらに人前で出さないようにしようね」

幼いころから丁寧に伝えておくことで、たとえ、道端で「裸見せて」と寄ってくる人がいたとしても「えー、そこは見せちゃダメなんだよ」「プライベートゾーンだから触らせてはいけないんだよ」と、子どもが自然と自分を守る姿勢を取れるようになります。

これが、逆に、インターネットなどで触れた情報だけしか知らない子どもだと、「あ、裸ってスマホで見たあれか」と、平気で出してしまうことにもなりかねません。

性犯罪者の多くは、支配を求めています。だからこそ、大人ではなくより弱い子どもを丸め込もうとしたり、力でねじ伏せようとするわけです。**子どもがまずは、はっきりと「ダメ」と言えることが大切**。そのためにも、日ごろから、何がよいのか、何がダメなのかを教える必要があるのです。

犯罪が起きてからでは遅いのです。

親子の間でも、守るべき境界線がある

このプライベートゾーンの扱い方は、まったく知らない人に対してだけではなく、親であろうと、兄弟姉妹であろうと、友だちであろうと、同じ扱いです。

子どもが性産業の産物に触れる前に

聞いたこと、見たことすべてをグングン取り込んでいく子どもたち。だからこそ、性教育は早いうちから。ピュアな子どもの好奇心にフタをせず、事実をきちんと伝えること、プライベートゾーンを人に見せない、大切にすることを教えることが重要です。子どもが悪意のある情報や間違った情報に触れる前にぜひ行ってください。

自分だけの大切な場所だから、人には見せない、触らせない。このことを、家庭の中でも守るようにしてください。

お風呂についても、自分で体を洗えるようになったらひとりで入らせるのがよいと思っています。もちろん、日本には温泉に一緒に入る文化もありますから、家庭での状況に合わせて考えていってください。トイレもひとりで行けるようになったら、公衆トイレであっても親は個室の中まで入って行かずに外で待つようにしてあげてください。

プライベートゾーンは親であってもできるだけ、見ない、触れない。痛みや痒《かゆ》みがあったりして、確認する必要があるときは「触ってもいい？」と聞くようにします。そうすることによって子どもも、「あ、ここはママでも触らない自分だけの大切な場所」と思えるようになります。

プライベートゾーンの話は人前でしない

そして、**人前でプライベートゾーンの話をしたり、水着で隠れている場所を**

見せたりすることは、してはいけないことだと教え、言葉にすることもダメだと教えましょう。「どうして？」と聞かれても、未就学児の場合はまだ、もののごとの良し悪しをケースバイケースで捉えにくいので、「ダメなものはダメ」と伝えておいたほうが安全。小学生になったら、理由も含めて伝えていけるといいですね。ズバリ「プライベートゾーンのことだからダメだよね」でＯＫです。

３歳から小学低学年くらいまでの間は、子どもたちは、このプライベートゾーンの話題が大好き。「うんち」「おしり」「おちんちん」「おっぱい」という単語をたくさん口にしますし、お尻を出したり、女の子のスカートをめくったり、子どもが友だちとキスをしたりという場面もよく見かけます。

ある意味「子どもだから」と許されそうですが、これ、実は、性暴力と同じ行為です。**他人に性的な部分を見せる、性的な行為をする、見せるのは、相手が不快になるかもしれない痴漢や露出と同じような意味合い**になります。

これらについても「お口はお友だちのプライベートゾーンだから、ダメだよね」「お尻はプライベートゾーンだから、人前で出すのはいけないね」とひとつずつ教えるようにしましょう。

この積み重ねは強力な防犯になるのです。

お尻を出すこと、友だちとのキスをよしとしていると、それは、子どもにとって、してもよいことになります。その子が、道端で危険な大人に声をかけられて「キスしよう」とか「おちんちん見せて」と言われたとき、「いいよ」と言ってしまうかもしれません。

でも、子どもに日ごろから徹底して教えておくことによって、犯罪を未然に防ぐことにつながるのです。まだ子どもにプライベートゾーンのことを話していないママパパは、ぜひ、トライしてみてくださいね。

SUMMARY

❶プライベートゾーンを徹底して教える

性教育の基礎は、プライベートゾーンを子どもが覚えて、人に触らせない、見せないということを理解すること。子どもが未就学児の場合は、場面によって設定を変えるのではなく、家の中でも同じように、ルールを守らせることが大切です。

❷プライベートゾーンは親子の間でも守る

自分でトイレに行けるようになって、お風呂に入れるようになったら、親子でもプライベートゾーンは守ること。

❸善悪の判断がつかない間はルールを徹底

未就学児の場合はまだ、自分で「これは大丈夫」「ここはダメ」という判断がつかない年齢なので、ルールを徹底しておいたほうが安全。

EDUCATION

性犯罪から大切なわが子を守るには？

迫りくる危険からわが子を守る

小学生くらいからスマホやタブレットを持つ現代の子どもたち。危険からどう身を守ればよいのでしょうか？

性犯罪を防ぐ

最近はネットを通じた
犯罪も心配です
プライベートゾーンを他人に見せないことを、徹底して伝えていることは犯罪予防につながります
写真送って
見せちゃダメだ!!
やっぱり公共の場で死角になるような場所にはひとりで行かせられないよね
公園のトイレとか
エレベーターで大人と二人きりにならないように伝えているけど
性犯罪は、性欲ではなく支配欲からきているから
子どもはその対象になりやすいんです

子どもを性被害の加害者にも被害者にもさせない

「性教育って、わざわざ必要ですか？」
「そのうち、自然にわかっていくのでは？」
「僕たちも結局年ごろになって雑誌やＡＶなどで知って……」

性教育についての必要性をママやパパにお伝えすると、こうした反応を受けることがあります。

今のママパパの世代は、十分な性教育を受けてこなかったこともあって、性教育に対して積極的になれない傾向があります。人は、自分が生きてきた範囲でものごとを考えがちですが、子どもの性教育について考え直してほしいことがあるのです。

それは、性教育は、**「子どもを性被害の加害者にも、被害者にもさせないための教育」**だということです。

性犯罪の加害者は、性欲が強いのではなく強い支配欲を持っている傾向があります。

性の搾取は、人の一番弱い部分を支配すること。**支配欲……しかも、性犯罪は人の一番弱い部分の搾取ですから、必然的に、力の弱い子どもや女性などに向かい**がち。だからこそ、まず、子どもが被害に遭わないように具体的な策を取ることが大切です。

もうひとつ大切なのが、子どもが成長したときに性犯罪の加害者にならないように教育すること。これは、子どもがまだ性に関する情報を持っていないピュアな時期に、正しい性について伝えることが必須です。

「いずれ、雑誌やＡＶなどで知る」

でも、そこにあるのが性犯罪につながる情報であったりするのです。アダルトビデオや成人雑誌は、大人の男性の性欲を満たすための産物。その中には、女性があたかも暴力的な行為を嫌がりながらも喜んでいる描写や、暴力的な場面が少なくありません。

性について関心を持ったときにはじめて触れる情報が、これらの女性をもののように扱う様子であるとしたら、いつのまにか「女性はそういうものだ」という意識が刷り込まれてしまう恐れがあるわけです。

「そのまま鵜呑みにして、暴力的な描写をよいと思う人はいないのでは」と思われるかもしれませんが、刷り込みというのは強力です。実際に、女性はアダルトビデオのような過激な行為を好むと信じている男性も一定数います。

これらは家庭内暴力にもつながっていくように思いますし、直接的な暴力まではいかなくても、いざ性行為を行うときに、相手の思いを尊重しない、同意を得ないで行為に及ぶだけでも、相手の人権をふみにじる行為になってしまうわけです。

危険な場面で動けるようにロールプレイを

日ごろから、子どもと、防犯について話しておくことは大切なことですが、伝えておいても危険な場面になったときに子どもが対応できるかというと、また別問題ですよね。

まず、未就学児はとにかくひとりにしないこと。小学校に上がるときには、環境に合わせた防犯対策が必要です。それまで幼稚園のお迎えのバスで行き来できていた子どもが、突然、歩いて学校まで行くとなると、環境がガラリと変わります。都会の子どもたちは電車で通学したり、塾でビルのエレベーターを使うことも出てくるでしょう。

エレベーターでは大人と2人になるときは見送る、など、ママやパパと一緒にいるときに練習し、ひとりのときも実行できるようにしましょう。防犯ブザーなども、いざというときに怖くて押せないということがないように、さまざまな場面を想定して一緒に練習してみましょう。

また、性教育の中で大切なことのひとつが「されて嫌なことにはNOと言う」こと。これは、日ごろの防犯の中でも役に立ちます。

自分が嫌だなと思うことには「嫌だ」と言い、人に助けを求めてよいのだということを伝えられる環境を、家庭内でつくっておきたいものです。

インターネット犯罪から子どもを守る

最近は、スマホを持って生まれてきたのかと言われることがあるほど、子ど

子どもをひとりにしない

未就学児の場合、自分で考えていい人と悪い人の判断をするのが難しいので、できるだけ、ひとりにしないようにしましょう。小学校に入ったら、危険を察知する能力や、回避能力を育てていくことが大切です。

インターネット犯罪から守る

インターネットを使っている限り、完全に防ぐことは難しい成人サイトへのアクセス。そして、SNSなどでの巧みな勧誘。これらを防止する一番よい方法は、普段からの親子のコミュニケーションです。

もたちのスマホやタブレットの扱いは見事なものです。

スマホは防犯対策にも使用できます。子どもの居場所を確認したり、通学の際の改札通過を伝えてくれたりと、非常に便利なツールでありつつ、犯罪に直接つながるツールでもあります。

どれだけフィルターをかけても、いつのまにか、有害な情報につながってしまうのが課題です。親のほうで防ぐ手段を取るだけでなく、スマホやタブレットを子どもに渡す際には、**個人情報を書き込まない、知らない人と電話やメールの交換をしない、下着姿や裸の写真は撮らない（撮らせない）、何かあったらすぐに親に知らせる**などの、ルールを決めておく必要があります。

このルールを守ることで、大人になってからも安易に自分の裸を恋人に撮影させることにNGが出せるようになり、結果的にリベンジポルノのような被害に遭うこともなくなります。性教育は子どものころからの正しい価値観の積み重ねなのです。

だからこそ、子どもがネットを使って間違った性の情報に触れる前に、ぜひ、健全な性教育をスタートさせてほしいと思います。

SUMMARY

❶性犯罪の被害者にならない教育

世に氾濫する間違った性情報も、10歳くらいまでの子どもはスポンジが水を吸うように吸収してしまう。その前に正しい情報をインプットできるよう、しっかりと教育しよう。

❷性犯罪の加害者にならない教育

正しい情報を伝えることは、性犯罪の被害者になるのを防ぐだけでなく、加害者になることも防げる。自分の身を守ることと同時に、相手の心と体を大切に扱うことを教えよう。

❸インターネットの使い方にルールを設ける

子どもにスマホやタブレットを渡す場合は、個人情報やプライベートな写真がネット上に漏洩《ろうえい》しないようにルールを決める。

EDUCATION

性教育は、最大の防犯になるって本当？

災害時に起きる性犯罪を防ぐ

大きな災害が起きたとき、混乱とストレスで起きやすい性犯罪や暴力から子どもをどう守ればよいのでしょうか？

防災と性教育
性教育って防災にもつながっていますよね！
2016年に防災士の資格を取得
防災士
災害時避難場所などで性犯罪が発生することがありますトイレに行くとき、着替えや授乳など、対策が必要です
トイレ→
子どもがひとりでトイレに行くのも注意が必要
普段から教えてください
プライベートゾーンは人に見せない!!
ひとりでトイレに行かないこと
子育て家庭が避難所で過ごすのは困難
性犯罪に遭わないためにも自宅の防災を見直してくださいね！
水
水

未就学児と小学生以上の教え方の違い

「『道を聞かれても車には乗らない』と伝えてはいるけれど、不親切な人間にはなってほしくない」

防犯のことを考えると、あれもダメ、これもダメ、と子どもにいろいろ制限を与えて悩んでしまうママやパパも多いようです。

まず、未就学児は、とにかく目を離さないことが一番。また、知らない人とはぴったりくっつく距離にならないように日ごろから教えておくとよいでしょう。抱っこや手をつなぐのは、相手がいい人でもダメ、と伝えておく。これも、日ごろのお散歩のときなどに「パパとママとはこうやって手をつなぐけど、知らない人とはつながないんだよ」と伝え、パーソナルスペース（対人距離）を取ることも教えましょう。

小学校にあがったら、ひとりでの行動も増えますから「わが家のルール」を決めて、守るように徹底しておくこと。

「人にプライベートゾーンを見せない」
「通学路でひとりになったら防犯ブザーをいつでも押せるようにしておく」
「家族以外の人の車には乗らない、ついていかない」

など、お約束として当たり前になるといいですね。

小学校中学年以降は、小学校での性教育が組み込まれているくらいに理解力や判断力が増してくる時期。危険察知力や対応力も身についてきます。自分で、何が危ないのか、どうしたらいいのかを考えて動く力を育てていきましょう。

この時期になると、第二次性徴が起きてくる子もいますので、「ひとりになることがなぜ危ないのか」「人がいない場所で不審な人が近寄ってきたら、人がいるところに走る」「大きな声を出して助けを求める」など、さまざまな状況ごとにどうすればいいのかを自分で考えさせます。

ゲーム感覚でロールプレイなどをして、防犯ブザーがすぐに押せるように練習しておくのもよいでしょう。

災害時に増える性犯罪について考える

今回、本書のかわいいイラストを担当してくださっている、イラストレーターのアベナオミさんは防災士でもあり、防災の啓発に力を入れておられます。東日本大震災で被災し、その際には、あやうく津波に向かって車を走らせてしまうところだったとか。

そんなアベさんと性教育について話をするうちに、性教育と防災の話になりました。

「被災地では、表に出てきていませんが、避難所や仮設住宅で、女性や子どもたちが性犯罪に遭う事件が起きています」

現地にいた人たちが見てきたのは、若い女性が暗がりで襲われたり、避難所のトイレで子どもが危険な目に遭ったりという現実。また、助けを求める人を自宅に上げたことで被害に遭ったという人も。さらに、人が減りゆく仮設住宅での空き巣などに加えて、性被害も起きていて、「誰を信じたらいいのかわからなくなった」という声も多く聞かれたと言います。

大きな災害に埋もれてしまい、被害者は声をあげることもできず、「災害時に性被害に遭う」ということ自体が、都市伝説のようにささやかれているようですが、これらは実際に起きていることだそう。

大きな災害が起きたときは、皆、通常とは違う大きなストレスに見舞われています。そのストレスが社会的弱者である、子どもに向きがちです。だからこそ、災害のあとは特に気をつけて、子どもを絶対にひとりにしないこと。

防犯のためにも、自宅で避難できるように、日ごろから非常食や防犯グッズ、キャンプグッズなどをそろえておくほうがよいでしょう。

SUMMARY

❶ロールプレイで遊びながら練習を

いざというときだけ、声を出したり助けを求めたりするのは難しいので、遊び感覚で「こういうときはどうする?」と、練習をしておこう。

❷災害時のための防災と防犯について考えておく

子連れでの避難所での滞在は困難。日ごろから防災グッズなどをそろえ、自宅避難できる環境をつくり、停電したときの防犯対策についても検討しておこう。

❸災害のあとは可能な限りひとりで出かけない

災害のあとは、誰もがストレスを抱えた状態で、暴力的になりやすい。子どもをひとりで外で遊ばせないように、いつも以上に気をつける。

COLUMN 03

特別養子縁組の真実告知は信頼の証

特別養子縁組で家族になった子どもに対して、いつ告知をするのか、しないのか。これは親にとって大きな課題です。「私ってママのお腹の中から生まれたの?」「私が生まれたときのお話聞かせて」と、子どもから言われる前に告知をするのがよい。私はそう考えています。

大切なのは、「事実を隠さないこと」です。聞かれても隠す、という行動に子どもが傷つくことがあります。あとで知ったときに、「ずっと隠されていたのだ」と感じ、親子の信頼関係にヒビが入ることも少なくありません。

もちろん、真実告知は、それぞれの家族によってタイミングや子どもの反応もまちまちですね。告知後に子どもが落ち込んでしまうようなときは、斡旋機関に相談したり、コミュニティに参加したりして、その都度、対応について考えていってくださいね。

第4章

男の子と女の子にそれぞれ伝える性教育

⑩男の子にどう対応したらいい？

夢精がきていた息子が
こっそりパンツを洗濯物に混ぜようとしていて思わず

「汚いから別にしておいて」

と言ってしまった。
（37歳女性／息子10歳、息子4歳）

汚い、恥ずかしいもの、はNG！

まずは親自身が、性的なことを「恥ずかしい」「汚い」と認識すること自体を改めましょう。汚れたパンツ、という言い方を含め、ちょっとしたことでも思春期の子どもは傷つきやすく、親に相談しづらい環境をつくってしまう恐れがあります。言い出しづらくてパンツを捨ててしまうということもあるようなので、子どものころからパンツは自分で洗うことを習慣づけるのもおすすめです。

子どもがどこで聞いてきたのか

「おちんちんって大きいほうがいいの？」

と聞いてきて返答に困った。

（34歳女性／息子８歳、娘３カ月）

大きさも形も個性だと伝えて！

早期に性教育をすることで、多様性を受け入れる視点を持つ子どもに育つことができます。まだ、子どもが幼くて一緒にお風呂に入っているうちに「おちんちんにもおっぱいにも、顔と同じでいろんな形や大きさがあるんだよ」と教えておきましょう。

子どもがスマホで

ちょっとエッチな漫画を見ていた。

自分にもそういう時期があったのを思い出して、対応に困った。

（38歳男性／息子10歳、息子2歳）

興味を持つのはNGではありません！

性について関心を持つこと自体は悪いことではありません。止めるよりも、正しい知識を伝えておくことのほうが重要です。

息子が自分の股間を触りながら

「ねえパパ、ここ触ると気持ちいいよね！」

と言ってきて思わず「そうだよね」と言ってしまった。

（40歳男性／娘13歳、息子9歳、息子4歳）

「そうだよね！」と同意しましょう！

いきなり「やめなさい」と言わずに「そうだね」と言えたことはよかったと思います。ただ、「プライベートな場所だから、触っているところを人に見せるのはやめようね」と、ルールを伝えてくださいね。

⑪ 女の子にどう対応したらいい？

小学４年生の娘が生理に。
まだ何も教えていなかったので

「ママ！ママ！血が出た！」

と、真っ青になって号泣してしまって
申し訳なかった。

（47歳女性／娘９歳、息子４歳）

小学生になったら伝えましょう

学校で性教育を受けるよりも早く初経がくる子は少なからずいます。小学生くらいになったら、月経があること自体は伝えておきましょう。

娘が自分の性器を鏡で見ている

のを見て、どうしたらいいのか
わからなかった。

（35歳男性／娘4歳、息子2歳）

自分の性器を見るのはよいこと!

小学校の性教育のとき、外性器の名前やしくみについて話をしますが、そのとき「自分の性器、どうなってるか見てみてね」と伝えています。関心を持つのはよいこと。人前ではしないことだけを伝えて。

夫婦で性について勉強しているが、

月経について何も知らなかった

自分に驚いている。

（43歳男性／息子13歳、娘11歳）

シングルファーザーで娘が生理になったら

どうしたらいいのか

わからない。

（40歳男性／娘9歳）

周囲に協力してもらいましょう！

ママ友や学校の先生、親戚の女性などにあらかじめ、子どもに月経について話してもらい、実際に月経がきたときにはその人に相談するように伝えておきましょう。

EDUCATION

息子の精通や夢精にどう対応する？

子どもが相談しやすい環境をつくる

精通は大人になった証。精通がはじまる前後に、息子に何をどう伝えておけばよいのでしょうか？

息子の精通

息子のパンツに精液がついてるときどう伝えてる？
汚れたパンツはそのまま洗濯カゴに入れないで!!
洗ってよ!!
私、このまえ、こんなふうに言っちゃって……
精液や経血を「汚い」と言うのは気をつけましょう
大切なのは
事実のみをきちんと伝える
これ！
感情的な表現を避けて
精通があったのかな
パンツは自分で洗うようにしようか
必要なことだけを伝えればOK！
異性の親より同性の親に言ってもらうと子どもも身構えずに済みます
パパもはじめはどうしていいのかわからなかったもんだ
難しい場合は本や性教育の動画を活用して

精通や夢精についてしっかり話そう

思春期になると、第二次性徴が発現して大人の体へと変化します。男の子は、精巣や陰茎が大きくなり、陰毛が生えます。そして、勃起や精通が起こります。「勃起」とは、ペニスが硬く大きくなることです。「精通」とは、男の子がはじめて射精をすることで、「夢精」とは寝ている間に性的な夢を見て射精することです。

これらのことは、10歳くらいまでに子どもに伝えておきたいところです。ここはパパに男同士で話してもらうほうがスムーズかもしれません。口で説明するのが難しい場合は、子ども向けの性教育の本をさりげなく本人の目につくところに置くとか、「これ読んでおいてね」と子ども向けの性教育本を渡すなど、工夫してみてください。

男の子が精通を迎える年齢は10歳から18歳と幅広く、日本性教育協会が実施している「児童・生徒の性に関する調査（２０１４）」では、中学生の間に精通を経験した子どもは50％に満たない程度です。

何の知識もなく精通を迎えると、何が起きているのかわからずに悩んでしまったり、恥ずかしさを覚えてしまったりします。

夢精して精液がついたパンツやシーツをどうするのか、対策を考えておく必要があります。

まだ子どもが小学生くらいであれば「おしっこではない白い液体が出てきたらママかパパに教えてね」と伝えてもよいですし、「パンツに白い液体がついたら、軽く洗って洗濯カゴに入れておいてね」などと伝えておきましょう。コツは、**さらりと当たり前のこととして話すこと**。そして、「汚れたパンツ」という言い方をしないことも大切です。

思春期はペニスで悩む男の子が多い

幼児のときはほぼ全員が真性包茎でペニスは皮に覆われていますが、第二次性徴を迎えると徐々に皮が剥けてきます。

この時期に、自分のペニスが皮をかぶっていることや、人よりも小さい、と

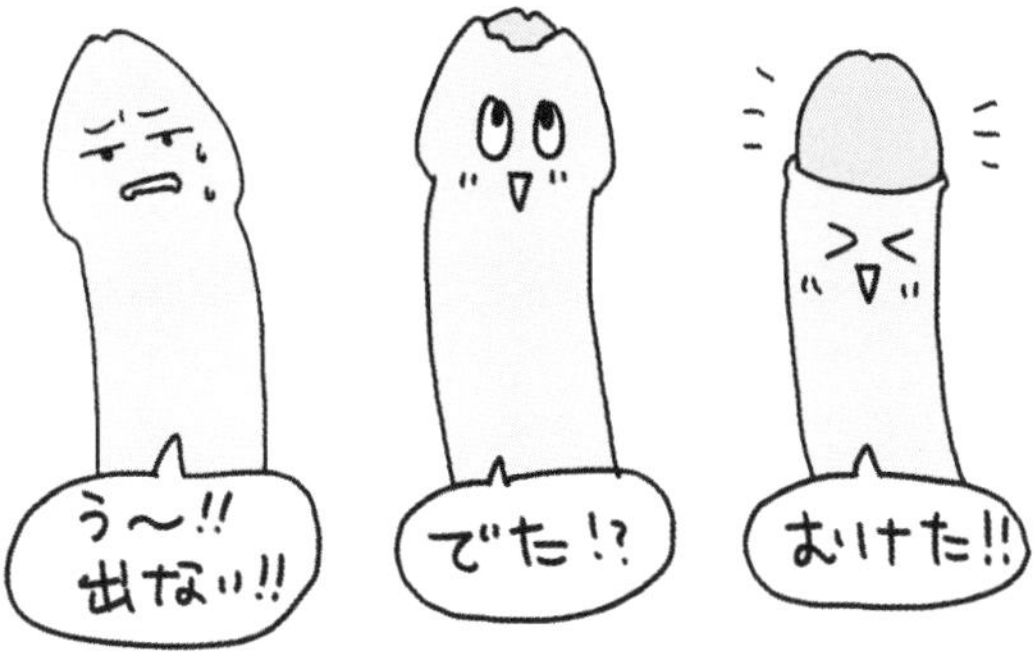

男の子のデリケートな悩み

「体が細くて筋肉質になれない」「ペニスに皮がかぶっている」など、思春期を迎えた男の子が抱える身体の悩み。雑誌やインターネットで検索し「包茎はモテない、手術をしたほうがいい」というような広告などを見て余計に悩んでしまうことも。

いうことに悩む男の子は少なくありません。

成人向けのサイトで「包茎はモテない」とか「ペニスのサイズが大きいほうがいい」という価値観を取り入れてしまったり、友人同士で、サイズや包茎についてバカにする言葉があったりすると、とても傷ついてしまうこともあります。

私が中学・高校の講座でお話しするときは、ペニスのサイズの話、洗い方、扱い方についても伝えています。

「包茎だと思う人も気にしなくて大丈夫。ペニスを洗うときは必ず、包皮を自分で毎日剝いて丁寧に洗ってから戻す。これを繰り返すことで、かぶっている皮は数カ月経てば剝けますから包茎のほとんどは悩むことではありません。どうやっても剝けない場合だけ、泌尿器科に相談してくださいね。また、ペニスのサイズは勃起のときに5センチあれば十分だからね」

そんな話をすると、男の子たちはざわつくのですが、同時に、安心する子もいるだろうと思っています。幼いころから**「ペニスやおっぱいは、いろんな形や大きさがあって、みんなOKだよ」**と伝えておくことで、自分の体に劣等感を抱くことなく、成長していくことができます。

SUMMARY

❶夢精や精通については10歳くらいまでに話そう

精通がある年齢は幅広く、10歳から18歳くらいまで。性教育の授業でも10歳で精通については触れるが、はじめての射精にショックを受けてしまわないように子どもに精通のことを伝えておく。

❷精液を「汚い」と言わない

恥ずかしくて夢精したパンツをこっそり洗濯物に混ぜてしまって、母親から「汚いからやめて」と言われると、自分の精液を汚いものだと思ってしまうことも。「汚れた洗濯物」とか「汚い」と言わないようにする。

❸清潔に保つことが大事

思春期になれば、自然とペニスは剝けてくることが多い。洗うときに自分の手で剝いてきれいに洗って戻すことを伝え、清潔に保つようにしたいところ。パパに伝えてもらうのがベスト。

EDUCATION

月経についてどう話そう？

第二次性徴がきたら月経用品の使い方も教えておく

初経がきても不安にならないように、何歳ごろから何をどう伝えておいたらよいのでしょうか？

女の子の初経

月経のことって
いつごろ話せばいいのかな
成長が早い子は小学4年生くらいで初経がくるみたいだしね
未就学児のころから少しずつ伝えましょう
男女の体の変化
月経のしくみをきちんと伝えること
先日
ママ、あれって何？
って、ナプキンのことを聞かれて
サラサラ〜
男の子に月経のことを言うべき？
もちろん、男の子にも伝えましょう！
PMSや月経痛などについても伝えられるとベスト！
これ大切です
伝えていいんだ！

男女別々の保健体育のなごり

今でこそ、男の子も女の子も一緒に性教育を受けるという流れが少しずつできてきていますが、今子育て中のママやパパの多くは、女の子だけが別の部屋で月経について聞く時間を設けるイメージが強いのではないでしょうか。

本書冒頭のつるの剛士さんとの対談で、つるの剛士さんが「女性だけが大人になっていくような、置いてけぼり感」と言われていましたが、男の子が女の子に「おまえ、生理なんじゃないの?」とからかうような場面が生まれたり、女の子がひたすら月経のことを隠そうとしたりするのは、男の子がきちんと月経について知る機会を得ていないからだと思うのです。

もちろん、具体的にナプキンの使い方や月経時の入浴方法などまで男の子が一緒に学ぶ必要はないかもしれませんが、正しいしくみについて知ることは、女性が妊娠する性であることを学び、受け止めることでもあります。これは、男の子にとっても大切なことだと感じています。

また現在は、小学校中学年で初経をむかえる女の子もいます。一方、学校での性教育は小学4年生から。第二次性徴の男女の体の変化と、月経のしくみについては、小学校に上がったら折を見て少しずつ話していきましょう。早いうちのほうが「へえぇ、そうなんだ」と興味を持って聞くことができます。**兄弟姉妹がいる場合は、下の子に隠したりせず、一緒に話を聞かせてあげて**くださいね。

第二次性徴がくると、男の子はがっしりとした体つきになり、にきびができたり、わき毛やすね毛、ひげ、性毛が生えて声変わりします。女の子は丸みのある体つきになり、胸がふくらんできます。にきびができたり、わき毛や性毛が生え、声のトーンが少し低くなります。

また、女の子の場合は、月経がはじまる少し前からおりものがでるようになります。体の変化に合わせて、「下着にネバつくものがついたりする?」と聞いてみるのもよいでしょう。月経について伝え、月経用品の使い方を教えつつ、おりものシートなどの存在も伝えられるとよいですね。

月経のしくみ

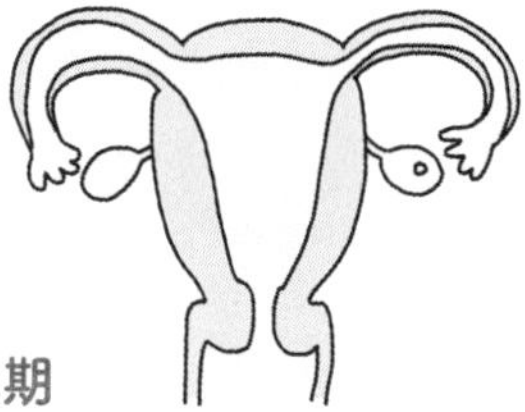

卵胞期

卵胞ホルモンの分泌が高まって、肌がつややかになり、心も体も健やか。卵巣の中で赤ちゃんの元になる卵子が成長。それにともない子宮内膜が厚くなっていきます。

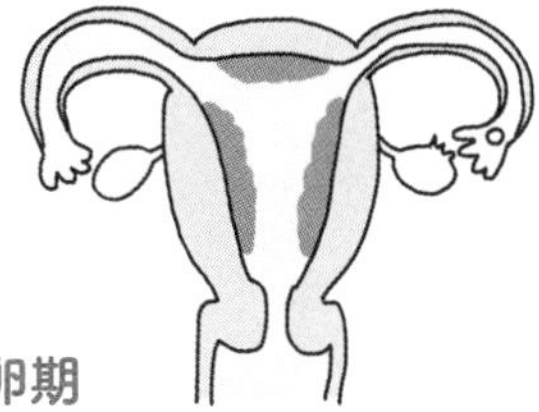

排卵期

卵巣の中からひとつの卵子が飛び出します。これを排卵と言います。排卵したあと、黄体ホルモンが分泌されます。ここで精子と出合って受精すれば受精卵となり子宮へ。

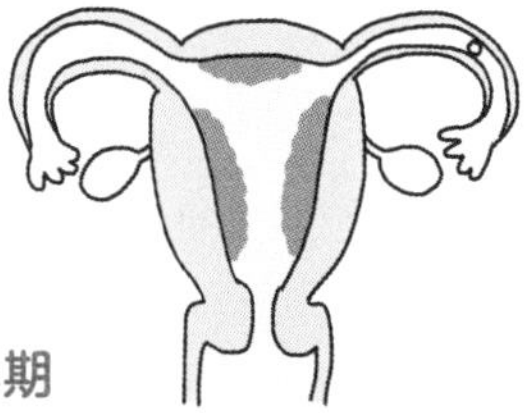

黄体期

受精卵が着床しやすくなるように、内膜がさらに厚みを増します。胸の張りや痛み、便秘や肩こり、イライラや不安など、心身の不調が現れることも。

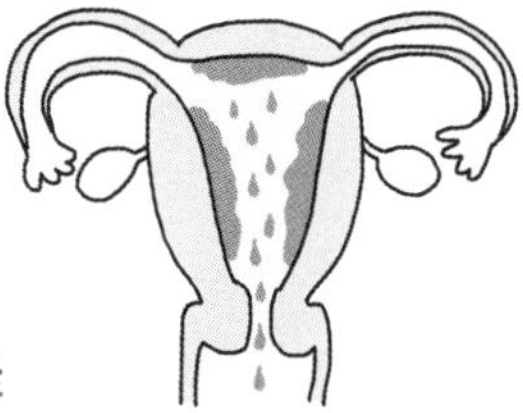

月経

受精卵が着床しなければ、子宮内膜がはがれ落ちることで出血し、月経が起こります。子宮に溜まっていた血が出てくるわけではありません。

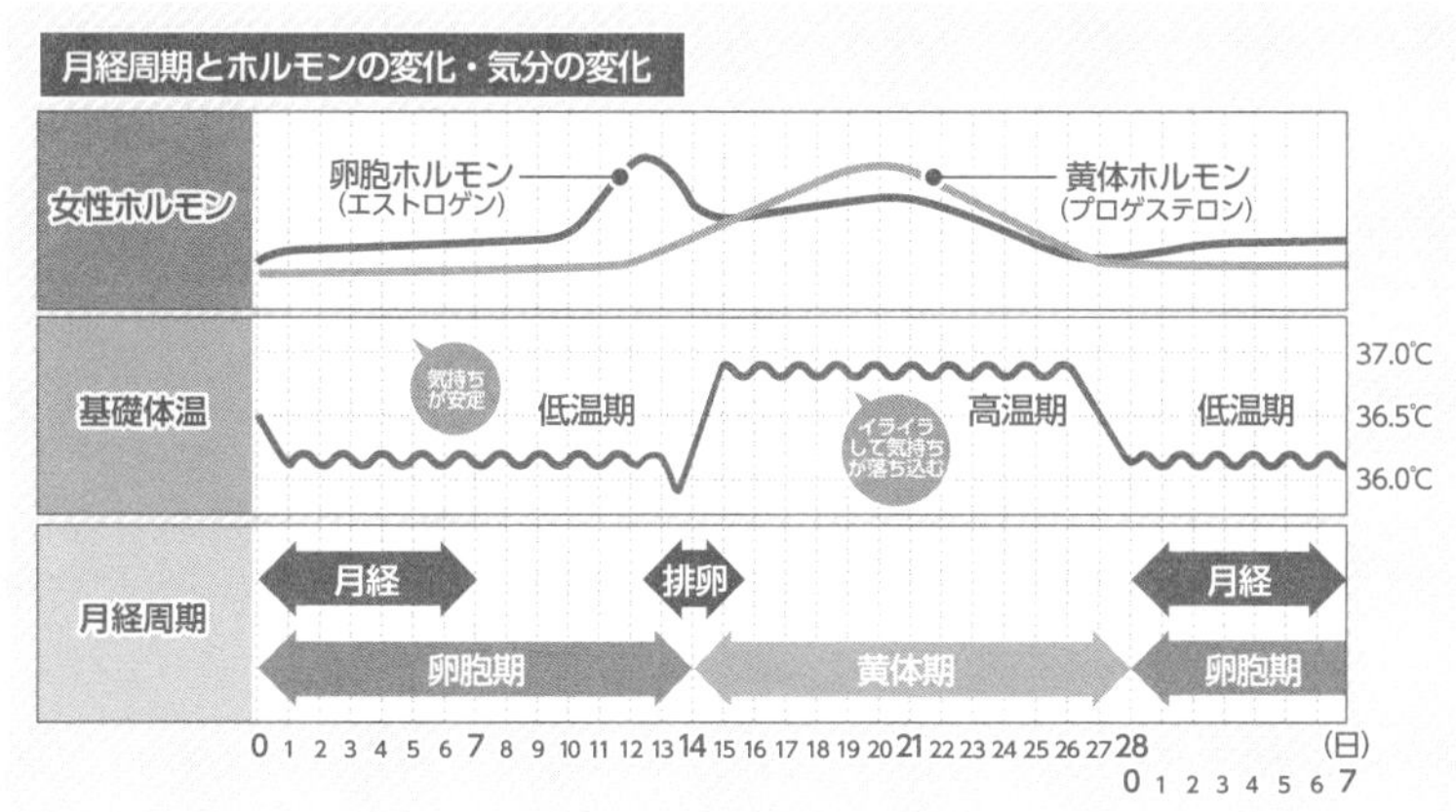

月経の対応のしかたについて話そう

月経が起きると膣から血が出てきますから、ナプキンやタンポンなどの月経用品を使って血液を吸収させます。月経用品はさまざまな種類があるので、スタンダードなナプキンをまず使えるように指導しつつ、子どもの生活に合わせて選ぶようにしましょう。

また、人によっては初経時から月経痛（生理痛）があり、中には起き上がれないほどの激痛に襲われる人もいます。痛みが強いことは普通ではありませんから、その場合はぜひ産婦人科を受診してください。そのままにしておくと子宮内膜症などの病気になる恐れがあり、不妊症の原因になることもあります。

これらの場合はピルが非常に有効です。

ピルの効能は避妊だけではありません。月経をコントロールすることで、月経痛や月経前のイライラや眠気、体調不良に振り回されずに過ごせるようになり、子宮への負担を減らすことができます。

ときおり「生理の血はデトックスだから、毎月出したほうがいい」とか「生

初経がきたら伝えたいこと

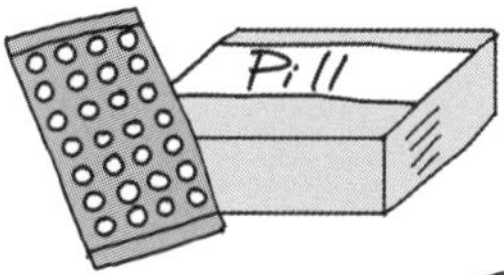

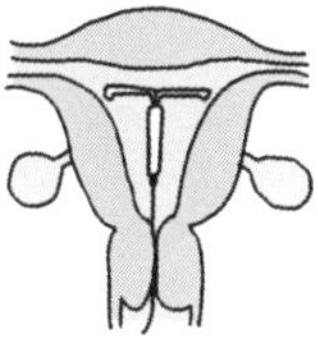

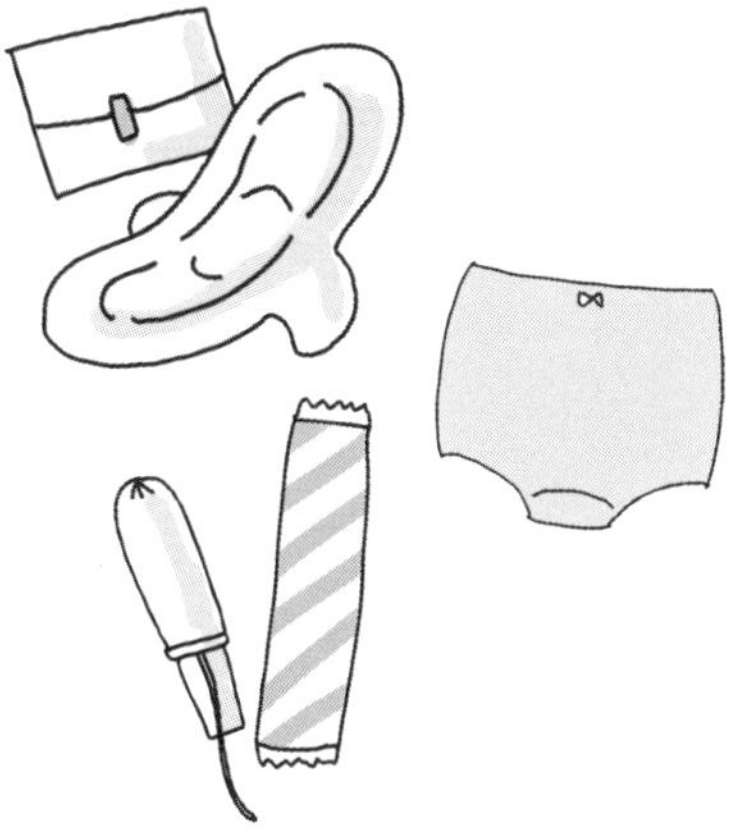

月経の不調の改善

ひどい月経痛を我慢する必要はありません。低用量ピルの服用によって、月経痛や月経不順、子宮内膜症、排卵痛の改善が見込めます。PMSやニキビ・肌荒れなどにも効果があり、思春期からでも安全に服用できます。

月経用品の使い方

生活スタイルや体質などによって、使用する月経用品を一緒に選んであげてください。ナプキンの交換頻度は1、2時間に1度が目安。学校で突然月経になって困ったり、ナプキンが足りなくなったりしたら保健室に頼ることを伝えましょう。

かかりつけ医

性交の経験がなくても、初経を迎えたらかかりつけ医を探しておくとよいでしょう。月経や性器のかゆみなどの相談や、旅行での月経移動など、親には相談しづらいことなども、医師になら話せることもあります。

理痛がひどくても毎月生理があることが大切」と思っている方がいますが、これは間違った知識です。月経時の出血は子宮内膜が剝がれることによる出血であって、溜《た》まった血液を出しているわけではありません。

また、**毎月の月経によって女性の体には大きな負担**がかかります。戦前の女性の月経は生涯50回程度ですが、現代女性は400〜500回に上り、月経回数が多いためにさまざまな月経トラブルに悩まされています。現代病のひとつである、子宮内膜症や子宮筋腫などを抱えている人も少なくありません。

「生理のときは痛みがあっても我慢するもの」

「生理とはそういうものだから」

というのは時代にそぐわない考え方。いずれ、必要なタイミングできちんと妊娠できるよう体を整えておくためにも、月経時の対応について親子で考えてみてくださいね。もちろん、ママだって月経や更年期障害によるホルモンバランスの乱れにはピルやＩＵＳ（子宮に入れるシステム）などが有効です。

SUMMARY

❶月経の基本は男女ともに教える

月経のしくみや初経の時期については、小学校に入ったくらいからタイミングを見て伝えるようにする。男の子にもぜひ、女の子の体がどう変わっていくのか、赤ちゃんができるしくみと一緒に伝えたい。

❷月経の不調は我慢しない

月経の不調は当たり前と捉えない。ピルでコントロールすることによって、日々を快適に過ごすことが可能な時代。月経痛がひどい、月経前に落ち込む、イライラする、異常な眠気があるという場合は、一度産婦人科に相談する。

EDUCATION

マスターベーションは悪いこと?

子どもが性器に触れるときの対処法

子どもが性器に触れたり、関心を持っているのがわかったとき、どう対応したらよいのでしょうか?

マスターベーション

ねえ、うちの子、時々股間を触ってるの
やめるように言ってよ
でも子どもだから心配ないんじゃない?
やめさせなくていいですよ!
性器に関心を持つのはよいことです
そうなんですか!
特に、男の子の場合は、マスターベーションはむしろ必要
大切なのはマナーを教えること
大切なマナー
マナーその①
プライベートゾーンなので人前でしない
NG!!
マナーその②
清潔な手で大切に扱うこと
強すぎるのはNG!

幼児期の性器触りは止めなくていい

子どもの「性器触り」は、1歳から5歳によく見られる行動です。まだ、性的な気持ちよさを求めているわけではないにしろ、何かしら、触れることによって安心感があったり、気持ちよさを感じていたりする状態。

目撃したママパパは慌てて、どうにかしてやめさせようと考えることが多いようですが、実はこれ、止める必要はありません。

「触っちゃダメ！」「何やってんの！」「汚いでしょ！」と頭ごなしに怒るのではなく、子どもが自分の体に関心を持ち向き合っているということを念頭に、前向きに伝えてみてください。

「おちんちんに興味があるんだね」
「触るときは優しく触ってね」
「プライベートゾーンだから、人前では触らないようにしようね」
「大切な場所だから、固いものを当てないようにしようね」

そして、子どもの様子を見守りながら、外性器が炎症を起こしたりしていないかどうかお風呂のときにチェックして、丁寧に洗うように教えます。

マスターベーションは止めなくてよい

性器を触ることを止めなくていい、というよりも、止めずにマナーを教えることが大切。その理由は、ズバリ、メリットのほうが大きいからです。

特に思春期以降の男の子には射精したいという欲求がありますから、**性欲を自分で健全に解消する手段を持っておくことが大切。性欲のコントロールは性犯罪の防止にもつながります。**

自分でコントロールできない場合のほうが、むしろ危険。安易な出会い系へのアクセスや相手をぞんざいに扱う行為に及ばないように、自分で自分の性欲を管理することこそ、大人になるということでもあると私は思っています。

マスターベーションやオナニーという言葉に、まとわりつく「よくないこと」という解釈を変えようと、最近、セルフプレジャーと呼ぶ性教育関係者もいます。私もこれには賛成です。

実際に、性欲を自分で解消できるだけでなく、自分の性的な反応を確認することができ、自分に向き合うことでもあり、それは自立にもつながっているのです。まさに、セルフプレジャー、自分自身の喜びにつながるわけですね。

大切なのはマナーと安全

中学生や高校生に講演をするときは、マスターベーションについてのマナーと正しい方法で行うことについて伝えるようにしています。

「マスターベーションは、どれだけしてもいいよ。やりすぎたら死ぬっていうテクノブレイクなんて、都市伝説だからね。プライベートゾーンだから、人に見られない場所で自分だけで行ってくださいね。清潔に保ちながら、手で、ゆで卵を持つくらいの優しい触り方で行ってくださいね。机の角や床にペニスを押しつけるような強い刺激は、大人になったときに膣内への射精が難しくなる恐れがあって、男性不妊の原因になることもあるから、しないようにしてくださいね」

思春期の子どもたちは少し恥ずかしがったりもしますが、それでも真剣に聞いてくれています。

ただ、ママやパパがこれをダイレクトに子どもに伝えるのは、なかなかハードルが高いですよね。直接伝えなくても、性に対して前向きに伝えているサイトなどもあります。これらのアドレスをスマホへ送るなど、さりげないフォローをしてみてください。

SUMMARY

❶幼児期の性器触りは様子を見る

子どもの行為を否定したり、無理やりやめさせようとするのではなく、「優しく触る」「人前では触らない」というマナーやルールを伝えるようにする。

❷思春期はどんどんマスターベーション

思春期のマスターベーションにはメリットしかない。特に男の子は、性欲を自分でコントロールできるようになるので、どんどんするべき。そして、もちろん、したくない人はしなくてよい。

❸ここでも守るべきはプライベートゾーン

マスターベーション自体はOKだがプライベートゾーンを大切に扱うこと、人に見せないことは徹底して教える。

COLUMN 04

性的ないじめも、立派な性犯罪

性暴力というと、見知らぬ人から受ける被害が多いイメージがありますが、実は知人や友人からの被害のほうが多く、学校などでは、いじめの延長に性暴力が存在することもあります。

相手のパンツを皆の前で下ろしてからかったり、相手の体の特徴、胸やペニスの大きさや形などを言いふらしたりという行為は、性的な暴力です。不登校や、その後の人生に大きな影を落とすことに。「子どもが面白がってやっているだけ」「悪気はない」と、軽視できるようなものではありません。

性的な搾取は、強いものの支配欲を満たし、弱いものから生きる力を奪っていきます。そして、親にはほとんど知らされません。子どもが自殺未遂を図ったり、失語症になったりして、はじめて発覚することも。

性を大切に扱うということは、自分と相手を大切に扱うことそのもの。自分の子どもが無自覚にこういった加害者にならないよう、そして、被害者にならないよう、大人が伝えていくことが大切だと感じています。

第 5 章

思春期まで
しっかり話そう

⑫ セックスはしてもいい？　してはダメ？

娘に彼氏ができたが

「ちゃんと避妊しなさいね」

と言うのは、セックスしてもよいと取られそうで怖い。

（44歳女性／娘14歳、息子10歳）

セックスは
素晴らしい？
しちゃダメ？
どっち？
うーん

自分の意思を大切にすることを教えて！

避妊について教えることは大切。その前に、女の子の場合は、セックスを快楽よりもコミュニケーションと捉える傾向があり、相手が望めばNOと言いづらいということも。セックスは子どもができる行為であることを伝えたうえで、「まだだなと思ったらNOと言う」「セックスをするならきちんと避妊をする」ということを話しましょう。そこからは子どもに考えさせましょう。

娘が彼氏と手をつないで歩いているのを見かけた。
やたらと心配になるものの

「セックスはするな」とも「避妊しなさいね」とも言えず

モヤモヤしている。

（46歳女性／息子18歳、娘15歳）

思春期の子どもには直接言うよりも動画

思春期の子どもに直接性的な話ができるかどうかは、それまで、どれだけ何でも言える関係がつくれていたかにもよります。避妊やセックスについての記事や動画をさりげなくスマホに送るなど、「大切に思っているよ」と伝えられるといいですね。

⑬ 思春期の悩みにどう答える？

娘から

「彼氏がキスしたいって言ってきたけど迷っている」

という相談を受けて困っている。

（40歳女性／娘14歳、息子12歳）

!
カレがキスしたいって〜
どうしよ!!

自分が望んでいないことはしなくていい！

大切なのは、断る権利があるのだということ。「したいことはしてもいい、したくないことはしなくてもいい。それをきちんと伝えられる関係をつくろうね」と伝えてみましょう。

娘がなんだかこもって悩んでいるようだが

まったく教えてくれない。

（40歳女性／娘14歳）

息子に彼女ができて家にも遊びに来るようになった。
それは喜ばしいのだが、

避妊について考えているのか

聞くに聞けない。（41歳男性／息子15歳）

相談できる相手がいるかどうか

思春期は親が話すことに対して聞いてくれなくなる時期ですよね。子どもがひとりで悩んでいるようなら、「何か悩んでいるなら、専門の病院や、機関もあるからね」と力になる姿勢を伝えておきましょう。

EDUCATION

子どもに彼氏や彼女ができたら？

セックスの目的と「NO」と言う権利を教える

子どもに恋人ができたときに、堂々と、セックスについて話すためにはどうしたらよいでしょうか？

子どもに恋人ができたら

ねえねえ あの子彼氏が できたらさ
やっぱり 避妊とか 教えなくちゃ だよね
うっ
ぐぐぐ
考えたくない！ 10代ならセックス しないように 話したほうがよくない？
ただダメって 言うのもね
妊娠のリスクに ついてはきちんと 話したほうが よいですね
確かに そこは 大切！
伝えたいこと①
相手の心と体を 大切にできること
伝えたいこと②
自分がしたいこと、 したくないことを 相手に伝えられること
これは早くから 伝えましょう！

セックスの目的を伝えよう

セックスには３つの目的があります。

１つめは、子どもをつくるため。

２つめは、コミュニケーション、愛情の確認。

３つめは、快楽を得るため。

多くの人がセックスについて語ることを恥ずかしいと思ってしまうのは、この３番めの快楽のイメージが強く刷り込まれてしまっているからなのですが、一番重要なのは、**「セックスをすると子どもができますよ」**という部分。

中学生や高校生で恋人ができる子どもたちも少なくありません。私が学校で講演をするときは、事前のアンケートで性交渉の経験があるかどうかを聞いています。割合は、学校にもよるのですが、中学生なら数％、高校生では20％程度。となると、セックスについて事前に話ができるとしたら、やはり10歳くらいがよいかもしれませんね。

「セックスというのは、大人になって好きな人ができて、子どもがほしいって思ったときにする行為なんだよ」

いずれ、子どもに恋人ができたときに、興味や勢いだけでセックスしてしまわないように、きちんと話をすることが大切です。また、思春期に入ってから伝える場合は、異性の親のことを「異性」として認識してしまっていて、性についてて話しにくさを感じる傾向があります。女の子にはママが、男の子にはパパが、アドバイスできるとよいですね。日ごろからぜひ夫婦の間で話し合っておいてください。シングルマザーやシングルファーザーの場合は、子どもが性のことを気軽に語れる同性の大人の存在がいると心強いですね。

「NO」と言う権利について教えよう

未成年の望まない妊娠による中絶も、年間1万2千件程度発生していることからも、安易なセックス、避妊をしないセックスは避けたほうがいいと言わざるをえません。

性犯罪、強制性交というと、見知らぬ人から性的に搾取されることをイメージされる方もまだまだ多いかと思いますが、圧倒的に多いのがデートレイプ。つまり、知り合いやデートをする関係性での強制的な性交です。

私は、中学・高校での講演の際には、「どういう恋人が、いい恋人と言えますか？」という質問を子どもたちにするのですが、この答えは**「相手が嫌がることをしない恋人」「相手の意思を尊重できるパートナー」**です。

子どものころから、プライベートゾーンを大切にする意識が身についていれば、これは自然とできることですが、正しい性の知識を得ないまま成長し、アダルトビデオなどでの支配的・暴力的な描写に影響を受けると、「嫌がっているように見えてもそうではない」「相手は支配されたがっている」という刷り込みが起きてしまいます。

思春期を過ぎて子どもに恋人ができたら、できれば同性の親から、**セックスには責任が伴うこと、そして、相手の同意がないセックスや避妊をしないセックスは性暴力だということ**を伝えられるとよいですね。

望まない妊娠について考えてみる

乳児遺棄の悲しいニュースを見るたびに、いたたまれない気持ちになります。誰にも言えずに出産した若い母親で、父親は逃げてしまっているケースも多く、母親が逮捕されて、裁判を受け、刑務所に入ることになるのは、悲劇だなと思います。どれほど悩み、どんな思いで、生まれたばかりの赤ちゃんを遺棄したのでしょうか。さらに、あとでそれを聞く、親の気持ちを想像すると胸が痛みます。

このような悲劇を防ぐためにも、女の子が第二次性徴を迎える年齢になるころ、10歳くらいを目安に、望まない妊娠を防ぐ方法について、伝えておいてほしいと思います。そして、望まない妊娠をしたときの対応についてもしっかり伝える必要があると思うのです。

望まない妊娠の陰には、性暴力もあります。

被害に遭い、誰にも相談できず、さらに妊娠していたら、どれほど心細い気持ちになるでしょうか。そんなとき、緊急避妊ピルの存在を知っていれば、事

年齢別人工妊娠中絶件数

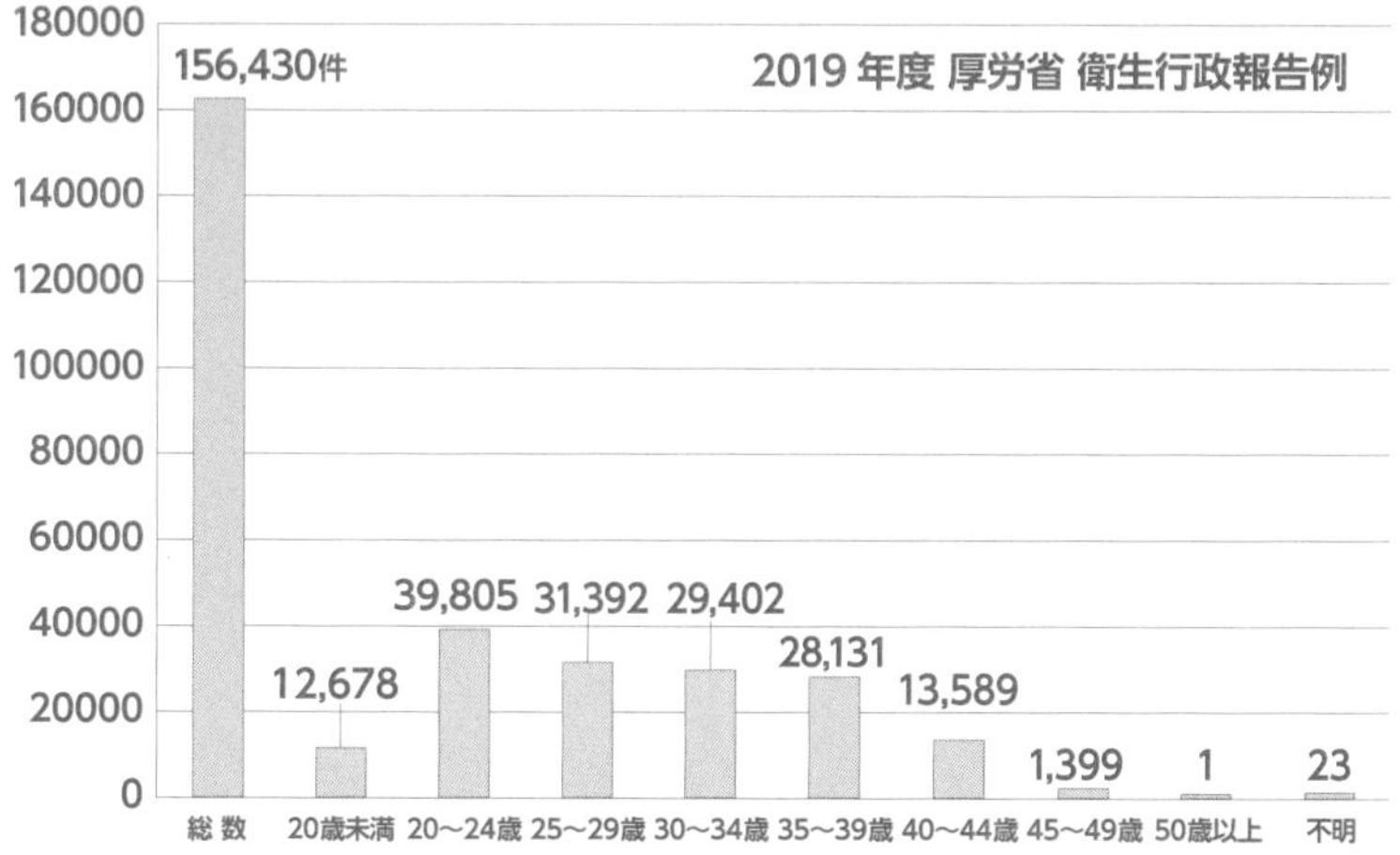

180000
160000
140000
120000
100000
80000
60000
40000
20000
0
156,430件
2019年度 厚労省 衛生行政報告例
12,678
39,805
31,392
29,402
28,131
13,589
1,399
1
23
総数
20歳未満
20～24歳
25～29歳
30～34歳
35～39歳
40～44歳
45～49歳
50歳以上
不明

異性から無理やりに性交された被害にあった時期の推移（女性）

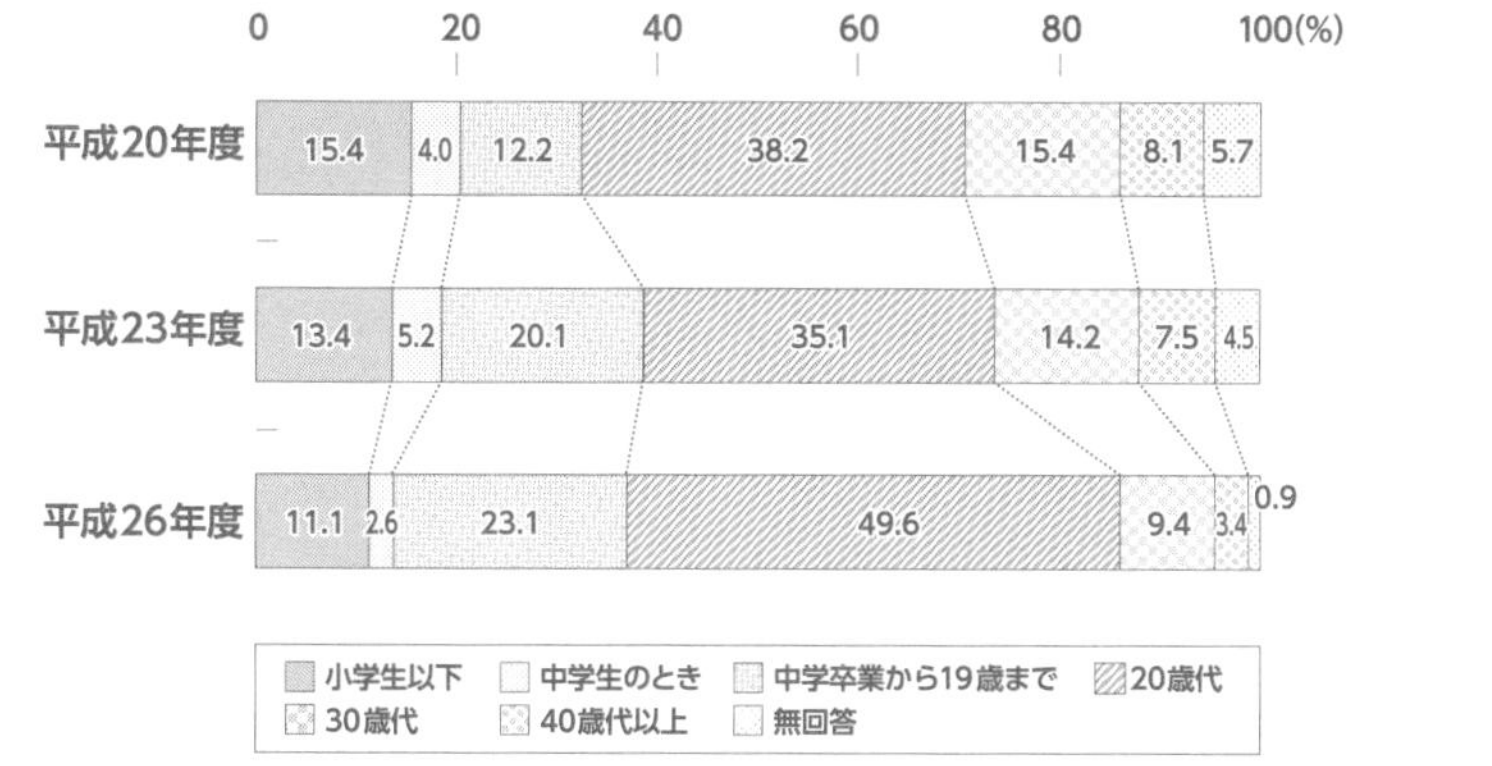

0
20
40
60
80
100(%)
平成20年度
15.4
4.0
12.2
38.2
15.4
8.1
5.7
平成23年度
13.4
5.2
20.1
35.1
14.2
7.5
4.5
平成26年度
11.1
2.6
23.1
49.6
9.4
3.4
0.9
小学生以下
中学生のとき
中学卒業から19歳まで
20歳代
30歳代
40歳代以上
無回答

（備考）1 内閣府「男女間における暴力に関する調査」より作成
2 全国20歳以上の男女5,000人を対象とした無作為抽出によるアンケート調査。本設問は、異性から無理やり性交されたことがある女性が回答。集計対象者は平成20年度が123人、23年度が134人、26年度が117人。
3「小学生以下」:「小学校入学前」および「小学生のとき」の合計。
「40歳代以上」:「40歳代」および「50歳代以上」の合計。

前に防ぐこともできます。

私は、望まない妊娠がわかった際には、中絶することも選択肢に入れてほしいと思っています。産むことや育てることができないときに中絶するのは女性の権利です。

それ以外にも方法はあります。

私は特別養子縁組の支援をしていますが、性被害などで望まない妊娠をしても、心から子どもを望んでいる両親に育てられ、幸せそうに笑う子どもたちの姿を見ると「生まれてきてよかったね」という気持ちになります。

悲劇を防ぐ方法はあります。

悲劇が起きてからも、できることはあります。

避妊と、これらの制度については、性犯罪の被害に遭ってから調べるのではなく、あらかじめ、知識として入れておくことが大切なのではないでしょうか。

SUMMARY

❶セックスの目的をきちんと伝えておこう

思春期になる前に、セックスの目的を3つ、きちんと伝えておきましょう。特に「セックスをすれば子どもができる」ということ、「赤ちゃんをきちんと育てられるようになってからするものだ」と、しっかりと認識させておくことは必要。

❷「NO」と言う権利を伝えよう

手をつなぐのも、キスをするのも、セックスをするのも、相手の同意があってこそ。相手の同意がなければ犯罪にもなりえます。子どものころから、相手のプライベートゾーンを勝手に見ない、触らせない、ということを徹底させながら、思春期になったら性的な接触の同意の大切さについても伝えよう。

❸望まない妊娠をした場合のことを伝えておく

緊急避妊ピルの存在や、特別養子縁組という手段などを、何もないときに知識として伝えておくこと。

EDUCATION

避妊や性感染症のことを正しく伝えられる？

コンドームやピルのこと、正しく理解し正しく伝える

思春期を迎えた子どもに、避妊の方法を正しく伝えるにはどうしたらよいでしょうか？

避妊と性感染症予防

こうやって性教育について考えると
僕らも性について知らないことがたくさんあるね
確かに、避妊の仕方を伝えるといっても
コンドームをつけるところなんか見たことないし
僕も生理用ナプキンを触ったことないし
PMS
ぎゅーーん
女性の生理の不調も理解できなかったし
まずはママとパパがしっかり学ぶこと
それから子どもに伝えていくことが大切！
はい！

避妊と月経コントロールはピルがベスト

避妊をせずにセックスをして妊娠する確率は、約30%。

避妊というと、一番に思い浮かぶのはコンドームでしょう。しかし、コンドームを使った場合でも15%は妊娠してしまいます。100組の男女がコンドームを使ってセックスをしたなら、15人が妊娠をする。これは、結構高い確率ではないでしょうか。一方で、ピルの避妊効果は99・7%です。

確実な避妊を目指すなら、ピルを飲むこと。
性病を予防するなら、コンドーム。

私は、講演でも声を大にして子どもたちにそう伝えています。

ピルというと、多くの人は驚かれますし、講演でピルについて話すと先生が難色を示されることがあります。

「ピルを飲むと、セックスをしてもよい」と子どもたちが認識し、安易なセックスに走ってしまうのではないかというのがその理由ですが、不確実なコンドームでセックスをしてしまうよりも、避妊率99・7％のピルの存在は女性を望まぬ妊娠から救う救世主のようなものです。女性が自分の意思で避妊できる手段という意味でも、ぜひその存在について正しく知ってもらえたらと思っています。

また、「ピルを飲むとガンになりやすい」「あとで妊娠しにくくなる」というような間違った認識をしている人もいますが、そのようなことはありません。「生理は毎月くるほうがよいのでは」と言われることもありますが、現代の女性は月経の回数が増え、年齢を重ねるうちに、子宮内膜症や子宮筋腫などの現代病を患うことが増えてきました。これらが不妊の原因になっていることも少なくないのです。

一方、ピルを飲むと、月経自体をコントロールすることができるので、生理痛や生理前の不調、月経の出血に悩まされることがなくなります。

だから、妊娠を望んでいない間は、ピルを飲み、月経をコントロールして快適に過ごし、いざ妊娠を望んだときに飲むのをやめることで、妊娠しやすい体

気が乗らないのに性交渉に応じた経験がある

全体　男性　女性

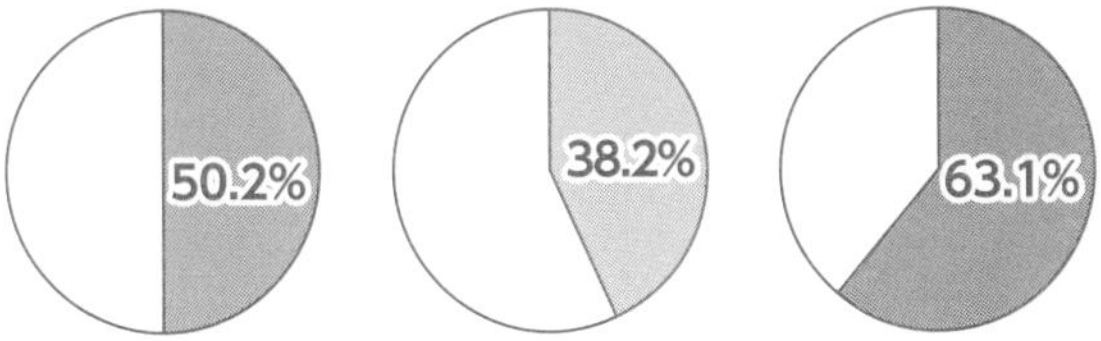

（502／1000人）（187／490人）（309／490人）

性交渉のときにコンドームを毎回つける男性（経験者）

男性

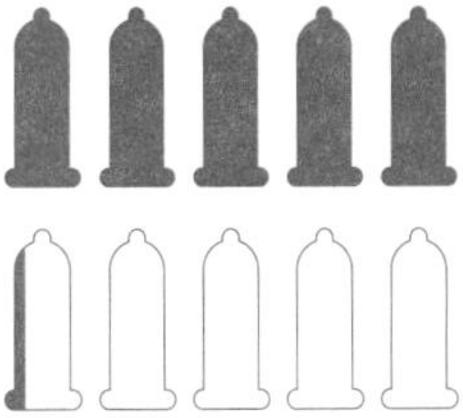

51.7%

（約半数／未婚男性の59.9%）

（備考）国際協力NGOジョイセフが18-29歳の日本の若者1000人を対象に行った「性と恋愛2019ー日本の若者のSRHR意識調査ー」

を保つことができるのです。さらに、毎月の精神的な不調、体の不調に悩まされることが減れば、日々の生活はより快適ですね。

ちなみに欧米では、トップアスリートの83％が低用量ピルを服用しているそうですが、日本では27.4％だとか。まだまだ「女性は月経を我慢するもの」という価値観があるようですが、スポーツでの大切な試合や受験や面接など、未来を決める大切な日をベストな状態で過ごすことができるピルは、やっぱり女性の味方だと思っています。

本書を読んでいるママたちにもぜひ検討してもらいたいですね。

性感染症予防はコンドーム

一方、コンドームは性感染症を予防するのに優れています。

２０１９年の厚生労働省の性感染症報告数によると、性器クラミジア感染症の未成年罹患者は２２７６人、梅毒は２８８人に上ります。

これらの性感染症の予防には、コンドームが有効です。

クラミジアや淋菌感染症などを防ぐ効果は高く、98％とも言われています。ただし、使用期限を確認して、1回の射精ごとに新しいものを使う、重ねづけをしないなど、正しい使い方を心がけてほしいところです。

コンドームの使い方については、親から伝えるのであれば、パパが息子に伝えるのがベストだとは思いますが、それが難しい場合は、コンドームの正しい付け方を伝えているサイトや動画などを、さりげなく教えるなど、工夫をしてみてください。

コンドームの使い方

実は大人の女性は、意外と知らない正しい使い方。よい機会なので、ママパパ一緒に学んでみましょう。

SUMMARY

❶ピルについて正しく学ぼう

ママパパ世代も正しく理解できていないピルの効果。避妊率は99.7%で、月経をコントロールできる利点もあります。また、男性に使用を頼るコンドームと違い、女性が自ら避妊することができる方法です。

❷コンドームは避妊ではなく性感染症予防

避妊率は85%と意外と低いため、単体での使用での避妊は絶対とは言えないものの、性感染症を予防するなら、間違いなくコンドームが優秀。コンドームとピル、両方の使用がわが子を望まない妊娠や病気から守ることにつながります。

COLUMN 05

子どもの悩みを解消するための お助けスポットを確保しておく

性教育についてたくさん学んできましたが、きっと、ママやパパはこう思われているのではないかと思います。「家庭だけだと、伝えるのが難しい」。そう、そのとおり。私もそう思っているからこそ、学校へ出向いて講演を行っています。

LGBTQの悩みであったり、性器の悩みであったり、思春期に入ったときにぶつかる、「親にはちょっと言いづらい性の悩み」について、相談できる場所を調べ、「こういうときは、ここに連絡するといいよ」とさりげなく子どもにも教えておくとよいでしょう。

また、男の子の性器の悩みは泌尿器科、女の子の場合は産婦人科です。「性器にトラブルがあったら、病院に連れていくから気兼ねなく言ってね」と声をかけたり、普段から性について語る時間をつくったり、いろいろ工夫しながら性について学んでいけるといいですね。

あとがき

まずは知ることが大切！
子どもと一緒に学びましょう

宮城県の片田舎で育った私にとって「性」を口にすることはタブー中のタブー。令和の時代に突入しながらも、私たち夫婦の子どもに対する性教育はなかなか前に進みませんでした。

自分が口に出すことすらはばかられるのだから、夫に相談したり、任せたいことについてもクリアに話すことができず、夫は夫で自分の経験から「そのうちなんとなくわかるもの」という認識。子どもの口や、ママ友らから性に関する話題が出るたびに、「避妊のことなんてどう伝えよう」「防犯はこれで万全と言えるのだろうか」と悩んでいましたが、川村先生にお会いしてお話を聞くうちに「ああ、口に出してよかったんだ」「そうか、子どもと一緒にトイレの個室に入るのはプライベートゾーンの侵害なんだ」など、気づきも多く、気持ちが楽になり、前向きに取り組んでみようと思えるようになりました。この本をつくるにあたって多くのママやパパに話を聞き、体験談をイラストにし、先生に回答してもらうことで、さらに理解が進み、感謝しています。

子どもを持つすべての人が、気を楽にして性教育に向き合えることを祈っています。

アベナオミ

あとがき

性教育は堂々と！
子どもの幸せな未来のために

性教育は、誰もが自由に自分らしく生きるための「人権教育」です。逆に言えば、世の中の不自由さ、不合理な問題はすべて人権が侵害されて起きていると言っても過言ではありません。性犯罪もそう。根底にあるのは性欲ではなく支配欲。支配欲というのは、自己肯定感の低さから生まれます。

だからこそ、自己肯定感の低い人をつくらない教育と、すべての子どもの人権が尊重される環境づくりが急務です。

性教育に携わるようになって14年。毎年講演に呼んでくださる学校や取り上げてくださるメディアも出てきましたが、十分な教育ができるまでは、ほど遠い道のりだと感じています。それでも、すべての子どもが人権を守られ、安全を守られ、幸せに生きていくために、これからも性について、全力で伝えていきたいと思っています。

この本が、今まさに性教育に悩む保護者の皆様とお子様の幸せな未来を生み出す一助になったなら、こんなに嬉しいことはありません。

川村真奈美

川村真奈美

産婦人科医。三重北医療センターいなべ総合病院産婦人科部長。1987年名古屋市立大学医学部卒業。産婦人科医になってから、性暴力などによる望まない妊娠によって生まれてくる子どもや乳児遺棄の問題を目の当たりにし、女性の体の健康教育と学校においての正しい性教育の必要性を痛感。教育委員会に働きかけ、小学校から高校までの性教育の講義を開始。延べ3万人に性の講演を行ってきた。女性自らが実行できる避妊法であるピルの普及にも力を入れている。

イラスト　アベナオミ

イラストレーター。防災士。宮城県出身、在住。1985年生まれ、真面目な夫と共に2男1女の3兄妹の育児に奮闘中。東日本大震災の被災体験をもとに、イラストを通じた防災啓蒙活動を開始。災害時に起きる性犯罪や子どもへの虐待などの惨状を知り、災害時の防犯にも関心を持ちつつ、育児を通じた悩みを解消するための書籍に多く携わる。著書に『被災ママに学ぶちいさな防災のアイディア40』（学研プラス）などがある。

ブックデザイン　萩原弦一郎（256）
DTP　二階堂千秋（くまくま団）
校閲　乙部美帆
情報提供・取材協力　NPO法人ママプラグ
作画協力　安比奈ゆき、菅原茉由美、YUME
写真　工藤朋子
構成・編集　MARU

初めて「性」のことを子どもに伝える パパとママのための教科書

2021年 8月10日　第1刷発行
2021年12月14日　第2刷発行

著　者　川村 真奈美
イラスト　アベ ナオミ
発行人　中村 公則
編集人　滝口 勝弘
企画編集　亀尾 滋
発行所　株式会社学研プラス
〒141-8415 東京都品川区西五反田2－11－8
印刷所　中央精版印刷株式会社

〈この本に関する各種お問い合わせ先〉
・本の内容については、下記サイトのお問い合わせフォームよりお願いします。
https://gakken-plus.co.jp/contact/
・在庫については　Tel 03-6431-1250（販売部）
・不良品（落丁、乱丁）については　Tel 0570-000577
学研業務センター　〒354-0045 埼玉県入間郡三芳町上富279-1
・上記以外のお問い合わせは　Tel 0570-056-710（学研グループ総合案内）